図解

絶対運ノート

史上最強の運命術

深見東州

Absolute Good Fortune

はじめに——強運で金・才能・家庭運を得る

◎金（経済力）　◎才能（職業・地位・名誉）　◎家庭運（よき配偶者と子供）

これに加えて健康であれば、ほぼ人の願望は満たされ、基本的な欲求不満は解決されるだろう。

あなたは今、どの部分に不満を抱いているのだろうか。その不満を解決するためにどのような方法でどれほどの努力をし、どんな成果をあげておられるだろうか。もし、あなたが今、強い不満を持っているとすれば、その原因はどこにあるのか、はっきりと承知しておられるだろうか。

「自分には運がないからだ」

ひとことで言えばそうなる。もっとも実際には、自らを不運に陥れる行為があったのかもしれない。良き配偶者を選ぶときに、たんなる見かけ、あるいは財産ばかりを気にしたために後悔するといったこともある。しかし、今さら、そのことをとがめだてしてもはじまらない。事実は事実として認識し、「次は何をなすべきか」を考えるのが、生きるということなのだ。

運が悪いなら、その不運を強運に転換すればよい。「それはわかっているが、どうすればできるのかがわからない」という人もいるだろう。

そこで、理屈は後にして結論を言おう。

「自力《じりき》運」を高めて「他力《たりき》運」とうまく組み合わせればいいのだ。自力だけがすべてだと思っている人は〝我力《がりき》〟だけの人であり、先々必ず行きづまる。一方、他力だけを頼る人、占い好きで宗教に凝りやすいといった人もまた、真の自力が発揮されないままで終わるだろう。

元来人間は誰でも幸運であり幸せであるべきだと考える私にとって、不運であり不幸な人が存在することは悲しむべきことであるし、またどうにも不自然な姿に感じられてしかたがない。

そこで私は本ノートで、強運を得るための自力と他力の引き出し方、使い方と組み合わせ方を説いてみた。遠慮なく、もしかするとあなたの耳の痛いところをも指摘しつつ、しかし読むほどに運気が盛り上がるよう心を配っているつもりである。

本書を手にされたそのこと自体、すでにひとつの出会いであり、この出会いが運気好転の一大転機となりうるようひたすら念じつつ、白隠《はくいん》禅師の勇猛心にならって〝喝《かつ》〟を本ノートに入れた。

まず、運勢が弱いということはどういうことかを、徹底して理解していただきたい。

人は、運を強くして幸福になりたいと頭に描く。それはそれでよいのだが、逆に運が弱いということの意味をもしっかりとつかんでおく必要がある。

そうすれば、なぜ強運でなければならないかが、いっそうはっきりしてくるだろう。

あなたはきっと読みすすむうちに、強運そのものを身につけていることになるはずである。

深見東州

第二章 自力運と他力運で強くなる

第三章 他力運をどう呼びこむか

※『図解　絶対運ノート』について
この『図解　絶対運ノート』は、スーパー開運シリーズの『絶対運』の内容を、図やイラストを豊富に用いながら、コンパクトにわかりやすく解説したものである。タイトルでもある『絶対運』を正しく理解し、絶対運を創り出すためのハウツーを、見開き（2ページ）単位で簡潔にまとめた。パラパラとめくるだけでも、絶対運の創り方を理解するためのヒントが頭に入ってくるはずである。

さらに詳しく知りたいという人には、右記シリーズの『絶対運』をお読みになることをおすすめしたい。

1 ツイているということと運とは基本的に違うのだ

ツイていることは究極の幸せにつながるものではない

世の中にはやたらにツイている人間がいる。

神戸在住のAさんは、その典型といってよいだろう。なにしろ、ここ数年の間にジャンボ宝クジの一等を二本も引き当てたのを始め、二等、三等は数知れずというのだ。この限りでいえば何ともうらやましい話で、そのツキにあやかりたいと思う人もいるに違いない。

だがしかし、宝クジに当たることが人間にとって幸せかどうかは疑問である。確かに当たらないより当たったほうがいいだろうが、努力というものをほとんどせずに金を得るということは、金そのもののありがたみを真に知ることができないことにつながる。

金のありがたみを知らなければ、その使い方もわからないであろうから、結局のところ「猫に小判」と同じことになってしまうのだ。

土地成金《なりきん》にしても同じことである。たまたま東京や大阪の中心地に住んでいただけなのに、あれよあれよという間に地価が騰貴《とうき》し、気がついたら資産家になっていたというケースはバブルのときに多々あったが、これもまた本人の努力とはまったく無縁の世界に起きた出来事である。バブル崩壊は、努力をしない者、あるいは非生産的活動によって金銭を得ることに対して、天が鉄槌《てっつい》を下《くだ》したということができるかもしれない。

いずれにせよ、ツイているということが、即ちその人の究極の幸せにつながるというものではないのだ。

運とは自らの努力が土台になっている

では、究極の幸せとは何なのだろうか。与えられた時間、つまり人間の寿命の中で、つねに進歩、成長を望みつつ努力する。そして、その生きていくプロセス自体を喜びとして生きがいにしている人こそが、真に幸福な人といえよう。なぜならば、人は自分の魂を大きく高く広く細やかにするべく、進歩向上を目指してこの世に肉体を持って生まれてきたからである。

だから、こういう姿勢で生きている人は幸せが長く続く。それは天地自然と大宇宙の生成化育《せいせいかいく》の法則に叶《かな》っているからである。故に、努力する姿勢がない限りツキはたんなるツキであり、ツキが落ちてしまうときが必然的に訪れるはずだ。

一方、世の中には大変運に恵まれている人がいる。やることなすことすべてうまくいき、すばらしい人間関係を形成し、豊かな芸術性を磨きあげて一生を過ごした人。これが運に恵まれ、また強運を持ち合わせた人ということになる。

では〝ツキ〟と〝運〟とはどこが違うのか。ツキは本人の努力に関わりのない、いわば偶然性にもとづくのに対し、運は自らの努力を土台にしている。

「あいつは運のいい奴だなァ」

と言う。この言葉には、ただたんにツイているという意味が強く込められているように思えるかもしれないが、運のいい人は、そうなるべく懸命な努力をしているのである。

スポーツ界では「ツキも実力のうち」と言うが、正確に言うならば「運も実力のうち」であり、その実力とは努力の結晶体なのだ。

〝ツキ〟は偶然性、〝運〟は自らの努力が土台

ツキ　運

なし ← 努力する姿勢 → あり

偶然性にもとづく
⇓
ツキの落ちるときが訪れる

自らの努力を土台にしている
⇓
幸せが長く続く

2 神人合一に至ることの意味

宗教には自力本願的な宗教と他力本願的な宗教がある

この本は「運」とは何かを徹底的に分析し、どうすれば強運、いやその極にある絶対運をわがものにできるかを示唆《しさ》しようというものである。人間は古くから奇跡的な現象に直面し、人力ではない、摩訶《まか》不思議な力が存在することに気がついていた。そして、その力を自らのものにしようと考え続けてきたのである。

しかし、摩訶不思議な力を自らのものにできる者は、極めて少なかった。霊的な特殊な能力を持った者に限られるからである。そのために一般庶民は、ひたすらシャーマンの指示に従う他はなかったが、まもなくこれら大衆の中から、異なった宗教を目指す二つの派が誕生した。

ひとつは、過酷な修業をくりかえすことによって自ら神の域に近づく能力を得ようとする人で、そこから自力本願《じりきほんがん》的な宗教が発したのである。もうひとつの派は、摩訶不思議な力によって庇護《ひご》されることを目的とした宗教を求めた。他力《たりき》本願的な宗教がそれである。

自力本願を願う宗教には、厳しい修業を伴う密教《みっきょう》系の仏教や禅宗《ぜんしゅう》、さらにはラマ教などがある。

他力本願的な宗教には、親鸞《しんらん》上人が開いた浄土真宗《じょうどしんしゅう》や、キリスト教などがある。

では、これら自力本願、他力本願のいずれが、より多くの神仏の力を得られるのだろうか。かつてわが国最大の信徒数を誇った大本教《おおもときょう》の教祖、出口王仁三郎《でぐちおにさぶろう》は、「他力の中に自力あり、自力の中に他力あり」と言われた。つまり、自力本願を願っても、そこには必ず神仏の力、働きを無視することはできない。また、他力にすがりつくだけでは本職を達成することはできないというのである。

拝んでいるだけではプリンシプルは身につかない

私は、この自力と他力との関わり合いの究極の姿が、神人合一《しんじんごういつ》することであると考えている。神人合一とは、自力と他力を十字に組む、つまり人と神とが合体してスパークした状態を指し、そのときにこそ、神でありながら人であり、人でありながら神であるという完全な融和の中で、人間ばなれした妙なる力、働きを発揮することができるのだ。神人合一の状態にある人を中国では中庸《ちゅうよう》の中という。

このことを具体的にわかりやすく説明してみよう。

ゴルフを例にとると、いわゆるレッスン書や技術書が山ほど出版されている。ジャック・ニクラウス、あるいはボブ・トスキなどといった名人、達人の著した書にはそれぞれの個性が感じられるが、それらの書を通読すると、ゴルフのプリンシプルが浮き上がってくる。それはボールを真っ直ぐに打つ方法である。

ではどうすればこの原理を正しく把握できるのか。まずは書物を読みくだき、そこに書かれている内容を自らのスイングの中で再現する努力が必要なのである。多くのゴルファーはこの部分でつまずき、挫折《ざせつ》する。その結果我流に走るため、技術は停滞するか、あるいは悪《あ》しき方向へと向かっていってしまうのだ。

私たちが彼らの書の中からプリンシプルを見出し、しっかりと身につけることができれば、これすなわち、ゴルフの神との神人合一の妙を味わい得る状況に立ち入ることができるのである。

□□ 自力と他力の関わり合いの究極の姿が〝神人合一〟 □□

自力本願《じりきほんがん》的な宗教

過酷な修業をくりかえすことで自ら神の域に近づく能力を得ることが目的

‖

密教《みっきょう》系の仏教や禅宗、ラマ教など

他力本願《たりきほんがん》的な宗教

摩訶《まか》不思議な力によって庇護《ひご》されることが目的

‖

浄土真宗《じょうどしんしゅう》、キリスト教など

どちらがより多くの神仏の力を得られるか

⇩

自らの努力の多寡が、他力の作用の強弱にかかわる

自力と他力との関わり合いの究極の姿

⇩

神人合一

3 「絶対運」と他力と自力

人間にとって絶対ということはあり得ない

もっとも、私たち生身の人間が完璧な存在＝絶対的な神人合一の道の極に達することができるかといえば、それはまずあり得ない。ならば、本書のタイトルである「絶対運」とは何なのか。絶対がなければ絶対運も存在しないのではないか。

私があえて絶対という言葉を使ったのは、絶対こそ人間の究極の目標であり、人間は絶対を目指して日々の精進をしなければならない、ということを伝えたかったためである。

ゴルフが好きな人はアーノルド・パーマーやジャック・ニクラウスを、また相撲を好む人はかつての双葉山、大鵬、そして千代の富士の姿を思い浮かべていただきたい。彼らは、その全盛時代に鬼神もしのぐ強さを見せつけたものだが、だからといってその強さは絶対ではなく、ときには敗者の立場に立つこともあった。にもかかわらず、私たちは彼らを極めて高く評価する。なぜなら、彼らの姿から、どれほどの努力精進をしたかをうかがい知ることができるからである。

人間が「絶対」というものを獲得し得ず、また、絶対的な存在になり得ないことは、優れた人間ならば理解している。しかしながら、絶対的存在、絶対なるものに価値を認めないわけではない。追い求めても求めえないものをなおかつ求め続ける行為に、大いなる価値を見出しているのである。

自力中心にも他力にも一長一短がある

さて、「絶対運」について述べよう。

己の運勢をよくする方法については、すでに記したことからわかるように、二つの方法がある。一つは自力中心、一つは他力をいただくことだ。

しかし、これらには一長一短がある。「自分で運を切り拓《ひら》いてみせる」というのは、この世界をしろしめす神やご先祖に対してまことに傲慢《ごうまん》な態度であるし、また他力にオンブにダッコというのは、神やご先祖への過度の甘えに他ならない。

たとえば、過去から現在に到る歴代総理大臣の中で、最もパワフルで自信にあふれていた人物といえる故田中角栄元総理の場合。氏は人間ブルドーザーと呼ばれるほどの行動力を見せたが、ロッキード事件に巻き込まれ、その政治生命を奪われてしまった。氏がなぜ失脚するに到ったかといえば、己の力ですべてを解決しようとしたために他ならない。

一方、政治混迷期にあって一筋の光明を投げかけたのが、海部元総理大臣である。若手の論客として知られてはいたが、過去の大臣の経験は文部大臣（現・文部科学大臣）のみという、いわば未知数の状態にあった氏が、アレヨと思ううちに総理大臣の座についてしまったのは、時代状況と他派閥からのバックアップを受けたためである。

では、海部政権を引き継いだ宮沢喜一氏はどうか。政権発足まではコメつきバッタのように有力者に頭を下げ回った宮沢氏が、総理に就任するや態度を豹変《ひょうへん》、自力に頼る様は実力者の故であろうが、あまりに唯我《ゆいが》独尊《どくそん》でありすぎたため、他者の協力を得ることができ得なくなってしまった。これもまた、他力と自力をうまく組み合わせることができなかった典型例といってよい。

“絶対”こそ人間の究極の目標

目標!!
絶対
努力
人間は絶対を目指して
日々の精進を
しなければならない

己の運勢をよくする二つの方法

それぞれに一長一短

自力

「自分で運を切り拓《ひら》いてみせる」

⇩

〈しかし〉

神やご先祖に対して傲慢《ごうまん》な態度

他力

他力にオンブにダッコ

⇩

〈しかし〉

神やご先祖への適度の甘え

理想 **自力と他力が十字に組むこと**

4 修業努力して金剛界へ進め

金剛界とは智恵を司る仏の集合体

自力に頼る者、また他力に頼る者は、それぞれにその生活態度や表情に現れる。

前者の場合は、我《が》が強く傲慢《ごうまん》で生意気で鼻持ちならない人物であることが多い。そういった人たちの生き方や足跡を点検すると、本来の実力に比較し極めてスケールが小さく、イマジネーションにも限界があることがわかる。

後者の場合は、自立心がないため挙動が定まらず、目にも体つきにも精力を感じない弱々しい人間が多い。

女性を差別するつもりはないが、仕事においても恋愛においても相手まかせで、自ら積極的に生きようという意欲を持たない女性が多いのは、他力に頼りたがるためではないだろうか。

では、自力と他力を玄妙微妙にマッチさせているのはどのような人物なのだろうか。ゲーテの言葉に「親和力」という言葉があるが、つねに周囲の者を引きつけなじませる力と、大きな目的に向かう強い意志を持っている人。言葉を換えれば、求心力と遠心力がマッチした、極めて居心地のいい状況を生み出す人物なのである。

そしてまた、その人物が何事か想念にふけっているときの姿を見れば、近寄りがたい厳しさと神々《こうごう》しさが、オーロラのごとき輝きをもって彼の周囲を取りまいている。このような人物は、仏教でいうところの金剛界《こんごうかい》に歩を進めつつある偉大なる人物といっていいだろう。

金剛界とは、サンスクリット語のヴァジュラダートゥを漢訳したものだ。金剛の本来の意味は極めて強固な武器のことであるが、そこから転じて仏の知恵をあらわす。界とは集合体の意味であるから、金剛界とは智恵を司る仏の集合体ということになる。金剛界の中心をなす仏は智法身の大日如来《だいにちにょらい》であり、大日如来を中心として諸仏の姿を表したものが、金剛界の曼陀羅《まんだら》である。

金剛界に到達する努力が絶対神のお力を引き出す

これを現代風に解釈すれば、次のようなことになる。

人間は本来、魂を錬磨するためにこの世に生まれてきた存在である。錬磨＝魂を磨くとは、自らの進歩向上と、社会に対して貢献するために徳を積むという、この二つのことをなんら矛盾することなく一体として成し遂げることなのである。そして、そのことを果たせた世界が、金剛界なのである。

すなわち金剛界は人生の究極にある世界ということになるが、この世界に到達するには、何をおいても自らの努力が必要であり、その努力が他力、つまり神仏、あるいは大宇宙を支配される絶対神のお力を引き出すことになる。この自力と他力の関係は、生きている人間にとっても死した後の世界に住む者にとっても、永久不滅の真実であるから、まさに天地の絶対的な法則ということなのだ。

そして、この法則に従って生きることこそ、自分自身の運を絶対的な運に強めることにつながるのである。私がこの本で述べるのは、いかに自力と他力とを巧みに、そして美しく組み合わせられるか、ということである。いくつかの具体例の中にあなた自身を照らし合わせ、強く、かつ美しい運を得られんことを望みたい。

“金剛界”は人生の究極にある世界

金剛界《こんごうかい》
智恵を司る仏の集合体
=
人生の究極にある世界
錬磨《れんま》=魂を磨く
自らの進歩向上
社会に貢献するために徳《とく》積み
金剛界へ
強い意志
自らの努力
他力を引き出す
(神仏、絶対神の力)
永遠不滅の真実
=
天地の絶対的な法則
この法則に従って生きること
こそ自分自身の運を絶対的な
運に強めることにつながる

5 自立できない人間が世のため人のため役立つわけがない

自分が不運な状態では人を救済できない

「ぼくを内弟子にしてください。どうか先生の運動に参加させてください」

二十歳《はたち》前後の若者の言葉である。

「先生が新しい時代を背負うべき人材を育成され、神人合一《しんじんごういつ》の道を説き、魂の救済をなさっていることは、本などでよく知ってます。とても共鳴しまして、自分もぜひその活動に参加させていただき、世のため人のため役立ちたいんです」

ふむふむ、その言やよし。しかし私の霊眼に映るこの若者には少し問題がある。突然訪ねてきた青年をオフィスにあげず、ひとまず玄関で応対することにした。長身で細面《ほそおもて》。二枚目の顔立ちで整っているが、どこか灰色のモヤに包まれている。

「なるほど、それでキミの仕事は？」

「いえ、別に……大学一年のとき父親が亡くなり、バイトで頑張りましたが二年の一学期に結核になってしまって……」

なるほど灰色のモヤの謎《なぞ》の一部が解けた。この若者が十七歳の時に家運が傾き、本人自身の運勢も下降するばかり。その上、結核というダメ押しもされている。

「――その上悪いことに母親が高血圧で倒れて入院したので、大学を辞めました」

「たいへんだね。で、ご兄弟は……？」

「はあ、高校一年の妹だけです」

若者の顔に暗い影がさし、うつむき加減にぼそぼそ語る。それもそうだ。私に隠していることがまだあるからである。

「キミは私に黙っているが、よく酒を飲むしパチンコや麻雀《マージャン》が大好きだろう。妹さんは家計が苦しいのを知ってバイトをしたりしてしのいでいるが、それでも間に合わず高校を中退して就職しようとすら思いつめている。結核の後遺症は、あと二カ月、酒・パチンコ・麻雀を控え、規則正しい生活をはじめれば、まったく問題がなくなる。ぐうたらな生活を深く反省して、父親とご先祖の皆さんにお詫《わ》びをし、生活を立て直す決心をしなさい。

今の君の不運な状態で、一体どうして人が救済できるのだ。まず、自分の魂を救いなさい。自分の持っている運を変えることが先決だよ。だから自分を救い、それから家族を助けて、それでゆとりがあれば、はじめて私がリーダーを務めるワールドメイトに参加すればいい」

その気になれば若者の立ち直りは早い

若者は、勢いこんできた当初とはすっかり違って、最後は何も言わず深々と頭を下げて玄関先から立ち去った。青白い細面の顔に涙が流れているのを、その後姿から感じた。多分、あの青年なら立ち直るだろう。その気にさえなれば若者の立ち直りは早いからだ。

　ところで、この若者に玄関先で応対したのには理由があった。青年の発散する暗くよどんだ気が、清浄な応接間の雰囲気を乱し、汚してしまいそうであったからだ。応接間には、十代の若者が三人ほど道を求めて待機していたのである。

人を救済するにはまず自分の魂を救うことから

世のため人のため
人助けがしたい
ビール
不運
不運な状態で
人の救済はできない
まず自分の魂を救い、
自分の運を変えることが先決

6 まず自分が幸せになるのが先決だ

自ら幸せになるには、まず自力運をつけること

世の一線で活躍する各界の一流の人物からこのような無名の若者まで、私はさまざまな職業、年齢、地位の人たちとお会いする。そうした人々を、六大神通力《ろくだいじんつうりき》を授かった私の目は、いつの間にか二つに大別しているのに気づく。

幸運な人。

不運な人。

いうまでもなく問題は不運な人、あるいは自分を不運だと思っている人である。またけっして不運ではないが、いまひとつ強運になりたいと願う人も多いのだ。

あなたもそのひとりではなかろうか。

先の青年はたしかに不運である。しかし、自分自身の不運をわきまえず、世のため人のため役に立ちたいという人がしばしば訪ねてくるので、私は頭をかかえるのだ。だから、私はあえて言うのだ。

「まず、自ら幸福になりなさい。とにかく真っ先に自分が強運になりなさい」

そのためには、まず自力運《じりきうん》をつけることが必要である。自力運とは、自分の潜在意識の奥に眠っている能力を呼びさますパワーのことであり、その自力運が才能を引き出す途中から突如発現して、それらの能力や自力運を何十倍もの勢いでパワーアップする力を他力運《たりきうん》という。

自力運と他力運はほんの一部で重なりあっているが、真の強運とは、この自力運と他力運とが掛け合わされたときの爆発的な運勢のパワーのことをいう。しかも、けっして線香花火のような一時的なものではなく永続性を有するのだ。

不運な人間は凶悪な〝気〟をまわりにまきちらしている

ところで私は、仏教のある宗派で言う〝他力本願〟とは違う角度で、自力運と他力運を説いているつもりであるから、仏教知識なまかじりの人は早トチリをしないでいただきたい。

とまれ、人間すべからく強運であり、幸福であることがすべての人の義務ですらある。そしてまた誤解を恐れずにいえば、不運な人間というのは、その存在自体がハタ迷惑なのである。

とくに凶運にまとわりつかれる人は、他人を不幸にまきこむ凶悪な〝気〟をま

わりにまきちらしている。世の中には、才能に恵まれ、大勢の人々の魂に目覚めと勇気と美しい感動を与えてくれる無形文化財のような人もいれば、このように毒の気をまき散らす無形の公害人間もいるということである。しかもこの公害人間、本人に公害人間の意識もなく、まわりの人たちもそれと気づかない。

　ではそのような公害人間を簡単に見分けるコツをあげておこう。

●暗い表情、暗い声
●皮肉と愚痴《ぐち》と批判的発言（一見頭脳明《めい》晰《せき》、シャープに聞こえる）
●笑いを忘れてきた人

　あなたが美しい人類愛や友情にめざめて、怨嗟《えんさ》の眼差《まなざ》しでみつめる暗く重い吐息のその人に、ひと肌脱いであげた場合、結果はふた通りである。あなたの運気はさらに倍加して飛躍的によくなるか、その人物の悪因縁の影響をもろに受けて、ともに不運の淵に沈み込んでいくか、このどちらかなのだ。そして実際には後者のケースがきわめて多いのである。

強運であり幸福であることがすべての人の義務

幸運な人

才能に恵まれ、大勢の人々の魂に「目覚め、勇気、美しい感動」を与えてくれる
無形文化財のような人

不運な人

毒の気をまき散らす無形の**公害人間**

見分けるコツ
・暗い表情、暗い声
・皮肉と愚痴《ぐち》と批判的発言
・笑いを忘れてきた人

7 結婚相手によって運気が変わる

周囲との調和が図れない男は不運を背負っている

人間は時として不運に遭遇する。それをはね返すには不運の何倍ものエネルギーを持つ絶大なる強運を必要とする。

つい最近もこんなことがあった。

二十六歳の人妻・K子さんが、私がリーダーを務める「ワールドメイト」の仲間と一緒にやってきた。

三十七歳になる商事会社勤務の夫とうまくいかないという。K子さんは六カ月前に結婚したばかりだが、結婚前は自分の前世《ぜんせ》鑑定・守護霊鑑定を受けに私を訪ね、加えて結婚の是非を相談していったのである。私は、男性の運勢の弱さ、性格の暗さを指摘し、結婚には反対であると意見を述べた。周囲との調和が図れない男がどんな不運を背負っているかは、常識で考えてもわかるはずである。

いくら反対しても、すでに肉体関係もあり、結婚する気持ちに変わりはないな、と知りながらも忠告しなければならない空《むな》しさをかみしめながら助言を与えた。

私の話をひととおり聞き終えた彼女は、案の定《じょう》、ちょっとうつむいて言った。

「先生のおっしゃることは、よくわかります。でも相手が不運な人だからって逃げることはできません。そういう人だからこそ私の愛情でどうにかしてあげたい。……やはり結婚します」

予想した答えに私は無言でうなずいた。そして心の中で「あなたの本当の配偶者は二年後に現れるんだが……。しかし今の不運期の、しかも肉欲に溺れているあなたに何を言っても無駄だ。せいぜい今度の結婚でいろいろな体験をし、多くのことを学びとりなさい」と呟《つぶや》いていた。

誰もがプラスとマイナスの運気を与えあっている

さて、結婚をしたK子さんの今度の相談というのは、夫が会社を辞めて無職になったので、自分がホステスにでもなって働くべきだろうかというのである。

K子さんの夫は、一流私大を出て、一流商社に入社したのだが、彼の運勢はそこまでであった。なぜなら彼は、生まれつき持っていた優秀な能力を自ら伸ばそう、つまり自力を発揮しようとする意欲も、人生の目標も持たなかったからだ。したがって、運が落ちるとともに性格が暗くなり、人づきあいもできず、社内では閑職にまわされたという。

　自尊心のみ高い彼にとって暗い日々が続き、競馬と株の売買でウップンを晴らしたが、バブル崩壊の影響で資金が底をつき、サラ金に手を出したのがきっかけで会社に辞表を出さざるを得なくなったそうだ。夫はほとんどやけっぱちになり、酒気を帯びていようといまいと撲《なぐ》る蹴《け》るの暴力をふるうという。別れようと思いつつも、憐憫《れんびん》の情を覚えてズルズルと悲惨な日々が続いているというのである。

　私はこのとき、あと六カ月したらもう一度相談に来なさい。仕事はしたほうがいいが水商売は避けなさいとアドバイスした。天が与える助言の機は、まだ六カ月先だからである。現在、K子さんにとっては進行中のことだから、六カ月先のことはここではふれない。

　これは、結婚という男と女の関係における運の影響についての例であるが、人間は誰もがお互いにプラスとマイナスの運気を受けたり与えたりしていることを、理解していただきたい。

結婚という男と女の関係における運の影響

ex) K子さんの夫

不運を背負っている
一流私大から
一流商社入社

but

人生の目標なし

・しだいに運が落ち性格も暗くなり人づき合いもできず

会社を辞めて無職に

ex) 26歳のK子さん

明朗でチャーミング

but

「不運な男性だからこそ愛情でどうにかしてあげたい」

憔悴《しょうすい》
ズルズルと悲惨な日々

結婚

男性の不運が女性に悪影響を及ぼす

II

人間は誰もがお互いにプラスとマイナスの運気を受けたり与えたりしている

8 まず〝われよし〟で強運をつけよ

自己犠牲は本物の幸福ではない

いらぬお節介を焼く人を「自分の頭の上のハエも追えないくせに」と評することがあるが、他人のことより自分の運勢をよくするのが先決であり、同時にそれが自力を伸ばすことにつながる。自力もないのに人など助けることができるわけはない。

　といって、私はなにもエゴイズムを信条とせよとすすめているのではない。苦しみ、悩んでいる不幸な恋人、友人、家族、あるいは会社の同僚に手をさしのべるなと言っているのではない。その人たちの人生に光明をともす手伝いをすることは非常に貴いことであり、人としてぜひやらねばならぬことではある。

　だが、そのために自分が不幸になっては意味がないと言いたいのだ。自己犠牲の貴さを主張する人もいるかもしれないが、私はそれを本物の幸福とは思わない。つまり、社会を構成する第一号はまず自分自身であるということ、その自分をまずしっかり確立してから、自分以外の人へと手を伸ばしていくことが、永続する真実の幸運をつかめるということなのだ。

　犠牲的な愛はたしかに美しいかもしれない。そう説く宗教の教えもある。しかし、犠牲になった生命の無言の叫びは痛ましく、悲しい。あえて悲劇的な人生を選ぶより、あらゆる知恵をしぼり努力をはらって、〝われもよし、人もよし〟の生き方を目ざすほうが自然である。

「強運を得よう。自力をつけよう」とするあなたに、まずこの〝われもよし、人もよし〟の大原則、基本的な考え方を徹底して身につけていただきたい。この考え方、生き方が前提にあってはじめて、真の自力が伸び、不動の強運＝絶対運を自分のものにできるのである。

不運からの脱出には〝われもよし、人もよし〟

　もちろん、いつまでも〝われよし〟だけでは運気はしだいに停滞し、やがて運勢というエネルギーの方向はプラスからマイナスへと転換していくであろう。賢明な読者はすでに察知しておられるように、不運続きの不幸な人というのは、いわば公害人間のことであり、〝己のみ〟を中心に考え、行動しているタイプに多いのである。

　エゴイストであれ、献身タイプの人であれ、いずれにしても不運からの脱出には、〝われもよし、人もよし〟を前提とした生き方が必要なのである。そのことは、われわれをとりまく宇宙の大いなる自然をよく観ると理解しやすい。

　太陽や月やこの地球や無数の星々のあり方をはじめ、身近な山川から一木一草にいたるまで、それぞれが個性を精いっぱい開花させながら、しかもなお全体との美しい生命の調和を見事に保っている有様に目を向けるとき、まさに〝われもよし、人もよし〟は、自然の法則であることが実感できよう。

　そして、さらに、人はすべて強運で幸福な人生を歩むのが義務であり責任であるとも断言しておく。なぜなら、自分が不運であることは、他をも不幸にする可能性があるからだ。それでは自然の法則に反する。もし、今あなたがかりに不運であっても心配はいらない。あなたの持っているエネルギーの角度をちょっと調節して、プラスへ向けるだけでよいのだ。

〝われもよし、人もよし〟は幸福の大原則

まずは…

われよし

人のために自分が不幸になっては意味がない

＝

自己犠牲は本物の幸福ではない

but

「われよしのみ」はダメ

⇓

大原則!!

われもよし、人もよし

＝

自然の法則、宇宙の法則
〝惟神《かんながら》〟そのものの姿

9 挫折しても得るものはある

挫折し、落ち込むからこそ人の心の痛みがわかる

挫折して落ち込んだことのない人に、本書は用がない。挫折し、落ち込むからこそ、われわれは人の心の痛みがわかる。それが心のひだというものだ。ツルンとしたなんのひだもない心なぞ、どこに味わいがあるというのだ。

しかし、だからといって、こぞって何事にも挫折し落ち込みましょう、などというのではない。挫折し、心に深い傷を負うこと自体がよいわけではない。いや、むしろ魂を傷つけることはできるだけ避けなければならないのだ。

心に深い傷を負い、魂を汚すとはどういうことかといえば、何かに挫折し落ち込んでしまったとき、その状態をハネのけて健全な元の自分に戻ることができず、いつまでもその不運な状態で居続けることをいう。それが長期になれば心は歪《ゆが》み、しだいに魂は傷ついていく。再起はいよいよむずかしくなり、不運が不運を呼ぶという泥沼に陥ってしまうだけである。

挫折し落ち込んだと思った瞬間、それをはね返す心のバネがあれば、ことは違う展開となる。しなやかな心のバネがあるとき、失敗は失敗ではなく、挫折は挫折ではなくなる。すべてが成功のための準備であり、心の糧であり、強運をより確実にするための一プロセスになるのだ。

わざわいも福も自分自身が招いている

『菜根譚《さいこんたん》』の洪自誠《こうじせい》もこう説く。

一苦一楽《いっくいちらく》して相練磨《あいれんま》し、練極《れんきわ》まりて福《ふく》を成《な》さば、其《そ》の福始《はじ》めて久《ひさ》し。一疑一信《いちぎいちしん》して……。

辛い思いをしたり楽しんだりすることで磨き合い、その結果が極まって幸福が成就されたなら、それは永続するものである。また、疑ったり信じたりしながら、考えぬいて考えぬいて最高に達したならば、本物の知識をはじめて体得できるのだ、と——。ころぶことを恐れるよりも、何回ころぼうともすかさず起きあがれば、丈夫な足腰に鍛えあげられていき、やがてころばなくもなる。

そんなことはわかっている。わかっていてもすぐに起きあがれないから辛いし、その苦しい不運を嘆いているんだ……。こうおっしゃる人に、もう一言いわせてほしい。

禍《か》と福《ふく》とは門を同じくす。利と害とは隣《とな》りをなす。（『淮南子《えなんじ》』）

思いあたることがおありだろう。

わざわいも福も同じ門から来るのであって、人がこれを招くのである。もっと言えば他人がではなく、自分自身が招いているのである。また、利と思うものは反面に害を招き、害と思うものは他面に利となることが多い。だから、われわれはものごとを頑固に一面からのみとらえないで、あらゆる角度から理解できるという咀嚼力《そしゃくりょく》を身につける必要がある。この咀嚼力の弱い人は、心のバネも弱く、もろい。当然のことに運気にも乏しい。

では、どうしたらしなやかで靭《つよ》い心を自分のものにすることができるのだろうか。挫折や落ち込みから自力でどうしたら脱出でき、勢いを盛り返すことができるのだろうか。

心のバネがあれば挫折は挫折でなくなる

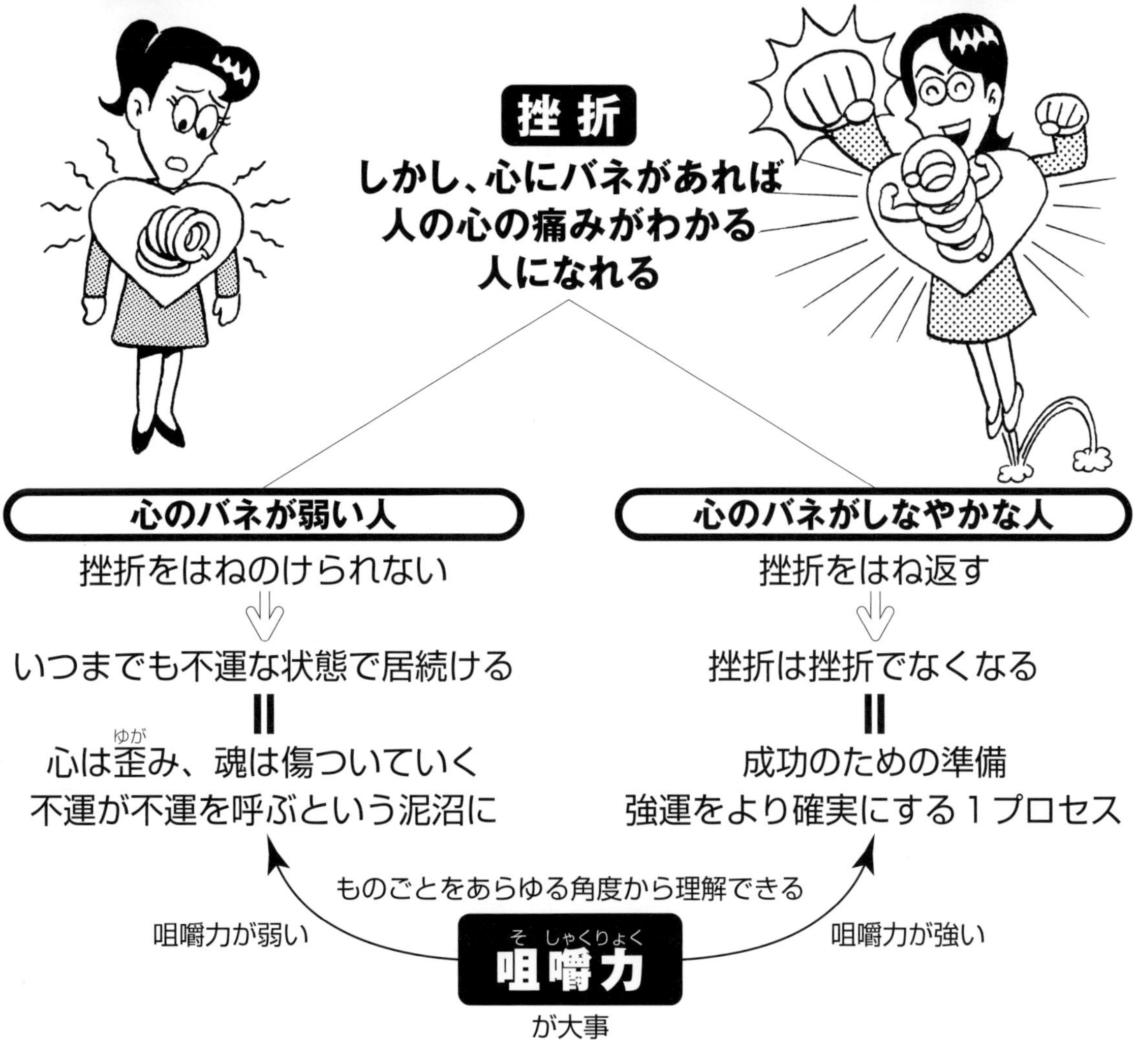
挫折
しかし、心にバネがあれば
人の心の痛みがわかる
人になれる
心のバネが弱い人
挫折をはねのけられない
いつまでも不運な状態で居続ける
心は歪《ゆが》み、魂は傷ついていく
不運が不運を呼ぶという泥沼に
心のバネがしなやかな人
挫折をはね返す
挫折は挫折でなくなる
成功のための準備
強運をより確実にする１プロセス
ものごとをあらゆる角度から理解できる
咀嚼力が弱い
咀嚼力が強い
咀嚼力《そしゃくりょく》
が大事

10 自力をつける二つの方法

目前の身近なことに集中し悩みや苦しみから心を解放

悩み、苦しみ、落ち込んだ精神状態からいち早く脱出するコツは、とらわれている心そのものを捨て去ることである。仕事の失敗、失恋の痛み、人間関係のこじれ……悩み、苦しむ理由はさまざまであろうが、その悩み以外の、目前の身近なことに集中することである。頭だけで考えず、実際に体を動かして、すぐやらねばならぬことを即実行することである。

対象はどんなことであってもよい。部屋や台所のかたづけから書類の整理まで、やるべきことはいくらでも見つかる。そのことに、次から次へと没頭する。われわれが思い悩み、その解決の糸口を見出すことがなかなかできないのは、悩みに拘束され過ぎて、新しい発想、角度を変えた着想が得られないからである。

では、どうすれば、すばらしい閃《ひらめ》き、発想を得て、生き生きとした魂がよみがえるのだろうか。

「無」である。すべてを空《むな》しくすることである。禅宗ではこの無になることを修業の目的としている。とらわれの心をいかに捨てるかという訓練をつみ重ねるのだ。無心になろうとしても人間というものは、見たり聞いたりしたことから刺激をうけて、次から次へと種々雑多な雑念が出てくる。チャンスを見逃したり、逆に次の機会にあせってしまい、大ヤケドを負うこともある。その失敗がさらに悩みを深刻にし、人間を臆病《おくびょう》にしていく。

こういった状況に陥ると、ここ一番という時に適切な行動をとるための状況判断がまったくできなくなってしまう。臨機応変に対応するしなやかなバネも知恵も行動力も失ってしまうのである。それを避けるため、いや、もっと積極的にそうした知恵とそれに裏打ちされた行動力を身につけようとするのが、禅における修業なのだ。

こだわりをなくし、無心になるテクニックが禅

これまでふれたように、悩みとか落ち込んだ心の状態というのは、ひとつのことにこだわっているからである。そのこだわりをなくし、無心になるテクニックが禅なのだ。とはいっても人間、自然に湧いてくる念を消し去って無心になるこ

とは、そう簡単にできるものではない。

現実に座禅《ざぜん》を組んでいただきたい。このとき無理に無心になろうとしても念は次から次に出てくる。だが、ほっておいてよろしい。出て来る念の一つひとつを気にしていては、いつまでたっても無心にはなれないし、その結果悟りに到達することはできない。とはいえ、座禅を組むことが最善の方法というわけではない。

わが師、植松愛子《うえまつあいこ》先生は次のように説く。

「いろいろな念を消し、無になることによって、新しいエネルギー、新しい知恵を得られるというなら、それはそれで結構……。でも、無心になるまでに一体どれだけ座禅を組んでいなければならないのだろうか。それよりも今目前のできることをしたほうがいい。ただ今、ただ今の、この一瞬に生きることをせよ」と。

目前のどんなことにでも没我没入《ぼつがぼつにゅう》し、その一瞬一瞬に生命を燃焼させることこそが、持てる自力を最大限に発揮でき、他力をも呼びよせ、挫折・悩みからすみやかに立ち直る最大の近道なのである。

苦悩する心から脱出するコツ

悩み苦しむ 心

脱出

❶ 目前の身近なことに集中

‖

頭で考えず、体を動かして即実行

「ただ今、ただ今の、この一瞬に生きる」

❷ とらわれの心を捨てて無心になる

‖

無心になるテクニックが禅

11 理屈を考える〝頭〟を捨てよ

本堂の雨もりに笊を持ってかけつけた小僧

「人間はつねに自由でありたいし、自在でありたい」というと、学習参考書みたいになってしまうが、われわれが自在であろうとするとき、もっとも大切なことは、「頭で考えるな」「屁理屈《へりくつ》を言うな」ということだ。

実例をあげよう。

一般の禅僧に座禅《ざぜん》を教える学徳ある師家《しけ》、関山慧玄《かんざんえげん》が美濃《みの》（岐阜）の伊吹山に隠棲《いんせい》した。

ある日——。

にわかに大雨が降りだし本堂に雨もりがはじまった。慧玄が弟子たちに、何か雨もりを受けるものを持ってこいと怒鳴《どな》った。

だが、赤貧洗《せきひん》うが如《ごと》しの貧乏寺に、タライのごとき気の利いたものは何もない。弟子たちは、適当なものを探して走りまわり、探しあぐねてただウロウロするばかりである。そのとき、小僧の一人がとっさに土間にあった笊《ざる》を持ってかけつけた。

雨もりに笊である。

あなたはこれを何と見るだろうか。なんとトンマな小僧と思うだろう。「笊で水をすくう如し」と言うが、気が利いて間が抜けているという典型なのだろうか。

が、そうではない。

師匠の慧玄は、このトンマな小僧をなみいる弟子たちの前でえらく賞讃《しょうさん》し、ウロウロした弟子たちをこっぴどく叱《しか》ったというのである。

にわかの大雨に雨もりである。何か早く持ってこいという声に、すかさず差し出される笊。

「これができないようでは禅は永久に体得できぬ」

そう慧玄は言うのである。

理屈が先行するのでなく一切自由であることが大切

いかがであろうか、納得できたであろうか。

「そんなバカな。笊でどうして雨もりを受けられるのだ」

「それぐらいなら持っていかないほうがましだ」

「いや、そうじゃない。何もないより笊

でも持ってかけつけたほうがいいにきまっている」――。

いろいろな理屈が出そうである。しかし、禅ではこの理屈をもっとも嫌うのである。もし、ウロウロするよりは笊でも持っていったほうがましだと考えて笊を持っていけばどうなるか。小僧は慧玄にもっとこっぴどく叱られたであろう。理屈が先行しているからである。

笊が役立つか、役立たぬかとかの常識や先入観や詮索《せんさく》を一切捨て切っていた小僧だからこそ、すっと行動にでたのである。彼は頭でこねくりまわしたり、ひとつの考えにこだわったりしないで、一切自由であったことを師はほめたのであった。

"雨もりに笊《ざる》"の例が教えること

人間が自在であろうとするとき

↓ 大切なことは…

「頭で考えるな」
「屁理屈《へりくつ》を言うな」

雨もりに笊

役立つ、役立たないという
常識、先入観、詮索を
捨て切って行動

Ⅱ

自由

12 日常生活の中で修業ができる

座禅や瞑想そのものが人生の目的ではない

すでに私は、あれこれ頭で考えずに、「今現在の、目前でやるべきことをとにかくやるべし」と説いた。これは禅の修業と同じことなのだ。

しかし、特別に座禅《ざぜん》を組まなくても、われわれは日常生活の中で十分に禅の坊さんと同じような修業ができ、それなりの効果を確実にあげることができる。坐《すわ》っている時間のみを大切にしても、残りの時間がマイナスであれば意味がない。座禅とかメディテーション（瞑想《めいそう》）そのものが人生の目的ではないのだ。

こんな相談を受けたことがある。

「一人息子のことで困っているんですが……」。仙台市に本社を持ち、東京、大阪、さらにはヨーロッパ各地に支社を持つ企業の社長である。

現役で東大に入学し、修士課程まで出た息子さんがメディテーションに凝って、朝一時間半、夜一時間半、毎日目をつぶって坐り続けているけれど、どうしたらいいだろうというのが相談の内容だ。自分の会社を東北でも屈指の企業にのしあげた父親としては、優秀な一人息子をどうしても自分のあと継ぎにしたいのであろう。そんな熱烈な思いが私にじかに伝わってくる。

しかもそれだけ資質のある若者であれば、確実に自力を伸ばす方法で鍛えてみたら大きく成長するに違いない。朝夕合計三時間もの瞑想の時間を目前のことへ集中することにまわし、柔軟な心の切り換えやこだわらぬ心の養成を、日常の生活の活動のなかで行えばどうなるか。彼の内に眠る潜在能力を有形の才能として一つでも二つでも表現できるはずである。

体と心を動かして今に集中すれば迷いはとり払われる

五百年に一人しか出ないといわれた禅僧が白隠《はくいん》禅師である。その白隠禅師がこう言っている。

動中《どうちゅう》の工夫は静中《せいちゅう》に勝ること百千億倍す

ただ単に静かに坐っているだけでは、真の人間の能力の開発もなければ、働きも出てこないというのがこの言葉の意である。白隠禅師は幼少のころひたすら臆《おく》病《びょう》で、肉体もけっして強いほうではなかった。その白隠が五百年に一人現れるかどうかの大人物に変身したのは、この言葉の意を体得したからだ。メディテーションに傾倒する多くの日本人は、インド系の聖者にしか目が向かないために、白隠の偉大さに気がつかないのである。

そんな話をこの社長にしたが、しょせん無理なことだと思った。社長は私から聞いた話を息子にするであろうが、いたずらに親子の対立を深めるばかりであることがわかったからである。なぜなら私の霊眼には、社長の背後に一人息子の姿が浮かび、すっかりインド系のヘビに魅入られていることがとらえられたからだ。

私は、その若者に言いたい。「瞑想よりもただ今に生きよ」と。今の一瞬に体と心を動かして激しく集中するとき、五体からは一切の迷いがとり払われ、不安はかき消え、内から己の生命力の湧きあがりと充実とをおぼえるはずだ。それは、雑念だらけの瞑想を何年か続けたあげく時折体験するかすかな無の境地を、はるかにしのぐ無我の心境でもある。

「瞑想よりもただ今に生きよ」

「今現在の、目前でやるべきことをとにかくやるべし」
=
禅の修業
日常生活の中で同じような修業ができる!
集中
坐禅、メディテーション(瞑想)そのものが人生の目的ではない
今の一瞬に体と心を動かして激しく集中
一切の迷いがとり払われ、充実感

13 訓練次第で強運になれる

今なさねばならぬことに全エネルギーを注ぐ

しかし、このようなことをくりかえし述べても、本当に人間は変わるのか、と疑問を持つ読者もいるにちがいない。そこで、実例をあげよう。専門の師について徹底して訓練、修業した男の話である。

鎌倉幕府の執権《しっけん》、北条時宗《ほうじょうときむね》がその人だ。

今でこそ北条時宗は、蒙古来襲《もうこらいしゅう》のあの一大危機から日本を救って鉄の肝《きも》っ玉を持つ男として歴史にその名を輝かせているが、幼いころはめめしい男の子であり、親族や家来たちを嘆かせていた。

とはいえ世襲《せしゅう》制度が確立されていた時代であるから、いずれはいやおうなく北条執権として全国の鎌倉武士たちのトップに立たねばならない。時宗は、そのことを思うと胸はうちふさがるばかりであり、なんとかその地位から逃げだせぬかと、細い神経をすり減らしていた。

まったく自信を失った時宗は、思いあまってある禅僧に悩みをうちあけた。禅僧の名は無学祖元《むがくそげん》である。宋《そう》の国から来ていた祖元は、あるとき兵士に白刃を頭に当てられたときでも、神色自若《しんしょくじじゃく》として動じなかった人物であった。

無学祖元は、話を聞き終わってから短く言葉を発した。

「ウム、その時宗を捨てよ！　真に捨てたいと望むならば、ただ黙って坐れ」

それから時宗、来る日も来る日も師について坐り続けた。とにかく何も考えるなといわれてその通りにする。ひたすら坐り続けて何年か過ぎた。こうして時宗は、過去の惨《みじ》めな自分を捨て続けた。

蒙古襲来、元寇《げんこう》のとき、時宗はまだ二十代の青年であった。

フビライは鎌倉幕府に使者を何回か送り、蒙古の属国になるようすすめる。時宗は「降服や否やの返事を」とつめ寄る使者の首を無言でハネさせた。それは国を守るか降服かしかないことを悟っていた時宗の、決定的な意思表示であった。国を守るために、ただ今なさねばならぬことに全エネルギーが注がれたのである。

攻めてくるならこちらから殴り込みをかけるほどの気概《きがい》を示した時宗のこの気《き》魄《はく》は、衰えかけた日本中の武士たちの士気を鼓舞《こぶ》した。その結果、神風が吹くという他力をも呼び込んで、日本は大きな危機をハネのけることができたのである。

なぜ過去や未来にわずらわされるのか

時宗はためらいすぎたり、考えすぎたり、あるいはめめしさが先に立つ自分を見事に捨て切ることができたのである。それからの時宗は、たえず、今やらねばならぬ最善のことに集中し、即断即決で実行に移していった。まさに時宗が体得したのは、君子としての心構え「迎《むか》えず送《おく》らず」の境地であった。

これは荘子《そうし》の言葉である。迎えずとは、悲観的になるなということである。送らずとは、後悔するなということである。

まだ来ぬ未来や、どうにもならぬ過去に心をわずらわせることの無意味さを知り、即今《そっこん》、ただ今《いま》、此処《ここ》……。今、この一瞬にしなければならぬことに没入せよということだ。もう聞きあきたという人もいるだろうが、あえてくりかえす。自分なりにすぐ実行できることや、やらねばならぬことは、必ずみつかるはずである。あなたの自力は確実に伸びていく。

「迎えず送らず」の境地を体得せよ

北条時宗《ほうじょうときむね》の例

悩みと不安

↓

禅僧・無学祖元《むがくそげん》
「その時宗を捨てよ!」

↓

黙って坐り続ける修業

⇓

「迎《むか》えず送《おく》らず」の境地を体得!

迎えず＝悲観的になるな
まだ起きていない未来のことを「ああだこうだ」と不安がって迎えるものではない

送らず＝後悔するな

「荘子《そうし》のことば」

覿面《てきめん》の今《いま》

今、この一瞬にしなければならぬことに没入せよ

14 自力を発揮するために待機せよ

待つ心を持たない人は自力を開花させられない

自力をつけるために、これまで次のようなことをみてきた。

◎まず、現在の悩み・不安から解放されよ。

◎公害人間になるな、近づくな。

◎日常生活の中で禅の境地を体得せよ。それが本当の力を養成する。

◎そのためには、ただ今《いま》に生きよ。

これらのことをエピソードを交えつつ紹介してきた。そこで、さらにもうひとつ、自力を得るために心得ておかねばならぬことをつけ加えておこう。

「善なる待機」

待つという忍耐力をつけろという意味である。チャンスを待つ忍耐力を持たない人は、自力を開花させることができないのだ。

『マタギ列伝』『釣りキチ三平』といったオリジナル作品を生み出した漫画家で、講談社出版文化賞を受賞した矢口高《やぐちたか》雄《お》さんは、高校卒業後すぐに銀行に勤めた。が、漫画家への夢を捨てきれず、十二年二カ月という銀行員生活に別れをつげ、秋田から上京してきた。漫画家としてはきわめて遅い三十歳の出発であった。

しかし当初、彼はツキについた。漫画家に転身して一週間もたたないうちに、一流少年誌から、原作ものではあったが長期大型連載の依頼があったのだ。

ところが一年後、「人気がない」のひとことで連載を打ち切られてしまう。その後、一本の読み切りの依頼すらなくなり、彼は銀行を辞めたことを後悔し鬱々《うつうつ》たる日々を送っていた。

そんなある日、心の中に「……原点にもどって描こう。自分のオリジナルを描こう」という思いがひらめいた。

その結果は驚くべきものであった。次から次へと作品が出版され、なおかつ売れまくったのだ。

幸運はタナボタではなく、ひたむきな精進の結果

ここには、幾つかの教訓がある。

まず第一は、矢口さんが自らの才能を信じていたこと。次に、才能を磨く時間を持ったこと。銀行員をやりながら漫画の勉強をするのを負担と思わなかったこと。そして挫折《ざせつ》のとき、自分のなすべき

ことを明確にイメージしたことだ。

矢口さんは、自分の体験から幸運を次のように定義している。

「幸運はタナボタ式のものではなく、ひたむきな精進の結果である。だから、幸運とはイコール実力であり、ひいてはそういうものをひとまとめにしたものを才能と呼ぶのではなかろうか」

不運な人というのは、精進・努力をすることすらもできない立場の人なのである。そしてまた、幸運が巡るまで待つこともできないのだ。

待つ――それは前向きで夢があり、飛躍のための機会を待つのであるから、〝善なる待機〟というのである。

では一体どれほどの時間を待てばいいのか。本人の存在にかかわる重要な才能の開花、その開花をうながす幸運を得るには、一年から三年の間、ただ今やるべきことに集中・努力・精進することが必要だろう。日常生活の中で幸運に恵まれないと思っても、ともかく心楽しく待ってみる。いつの間にやら、あなたは幸運に取り巻かれているはずだ。

〝善なる待機〟が幸運を招く

自力をつけるには…

- 公害人間になるな、近づくな
- まず、現在の悩み・不安から解放される
- 日常生活の中で禅の境地を体得せよ、それが本当の力を養成する
- そのためには、ただ今に生きよ

＋

善なる待機

待つという忍耐力をつけること
＝
才能を信じ、集中・努力・精進する

⇩

幸運

15 この三つの要素で運が強くなる

運気強化に欠かせない 精気・気力・神気

自力を発揮し、運気を強くするために欠かすことのできない要素が三つある。

◎精気
◎気力
◎神気

これを後天《こうてん》の三宝《さんぽう》という。人間の生命とは何かと考えるとき、この精《せい》・気《き》・神《しん》の三要素からみていくとわかりやすい。

精気——これは精力である。男性の場合は性的能力そのものを指す。人間を動物として捉えれば、性的能力が優れた者が繁栄するが、知的存在として捉えればその通りではない。

歪《ゆが》んだ心、悲しい心、怒りやねたみの感情などに支配される者は、すなわち人間としての気力や活力を失う。

神気とは、自然界にある発展的な生命力のこと。人知では計り知れない霊験微妙なひらめき、発想、天運というものは、神気を受けることによって生ずるものなのだ。経営の神様といわれた故松下幸之助氏も、精進努力とともに「神気《かむけ》を受ける」ことに注意を払っておられたという。

四勿主義が後天の三宝をより充実させる

後天の三宝をより充実させるには四勿《よんこつ》主義を知り、取り入れることもよいだろう。四勿とは孔子《こうし》の弟子の顔回《がんかい》が固く守り、仁《じん》の道を成就《じょうじゅ》した四つの戒めである。

礼に非《あら》ざれば視ること勿《なか》れ
礼に非ざれば聴くこと勿れ
礼に非ざれば言うこと勿れ
礼に非ざれば動くこと勿れ

礼にあらざること、つまり人としてやってはならぬ道からはずれたことに一切関わりを持たなければ、結果的に精・気・神気の充実がはかれるが、本書では一歩踏み込んで次のことをおすすめしたい。

◎目にもろもろの不浄《ふじょう》を見て
　心にもろもろの不浄を見ず
◎耳にもろもろの不浄を聞きて
　心にもろもろの不浄を聞かず
◎鼻にもろもろの不浄を嗅《か》ぎて
　心にもろもろの不浄を嗅がず
◎口にもろもろの不浄を言いて

心にもろもろの不浄を言わず
◎意にもろもろの不浄を思うとも
心にもろもろの不浄を思わず
◎身にもろもろの不浄を触れても
心にもろもろの不浄を触れず

これを「六根清浄《ろっこんしょうじょう》の誓い」という。

現実社会で活動を続ける限り、現実的な汚濁《おだく》、礼に非ざること、つまり不浄な局面をさけて通るわけにはいかない。人間として大切なことは、そういった環境の中で公害人間とともに生き、仕事をしなければならないとき「どう対応するか」。四勿主義を実践に移すためには、日本古来の六根清浄の誓いが必要である。

運が弱く、才能の伸びない人というのは、自然の法則や宇宙の摂理のリズムに則《のっと》りそこねているか、もしくはそれに反抗して生きている人のことでもあるのだ。つまり、自然の法則や宇宙の摂理に生かされているという自覚がなく、自分だけの知恵と力で生きているというタイプだからこそ、たとえ一時は調子がよくてもすぐ行きづまってしまうのである。

精気・気力・神気＝後天の三宝

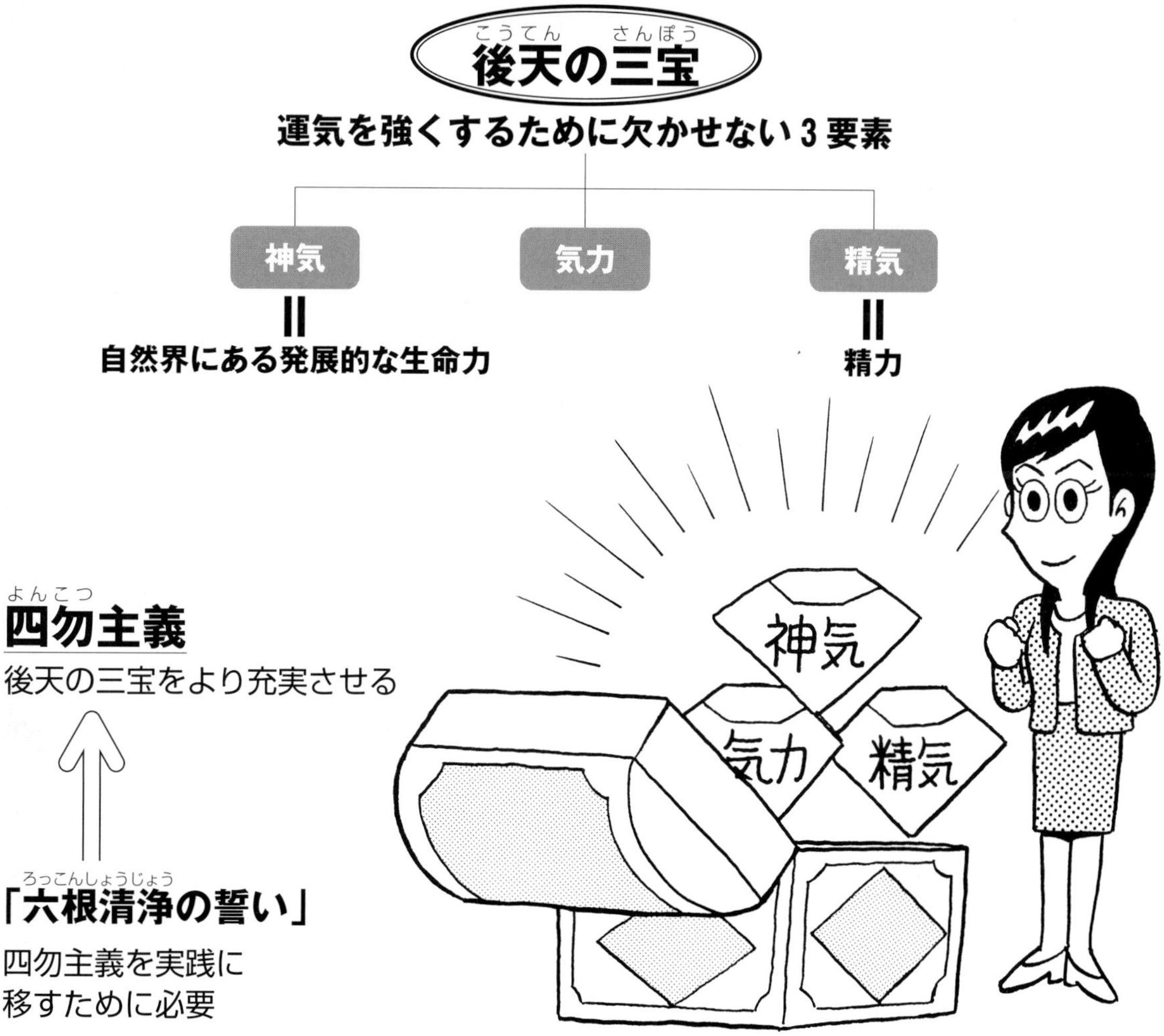

16 とりあえずの目標を立てよ

努力と人間との関係には三つのタイプがある

「自力を発揮する」ということは一般的に〝努力する〟とか〝一生懸命頑張る〟という言葉で表現される。

といえば、あなたは「そんなことは子供でも知っている。どうしたら努力し、頑張ろうという気になれるのかが知りたいのだ」と言うはずである。努力と人間との関係には、実は三つのタイプがある。

①努力しても、さっぱり成果があがらない人
②努力しただけ結果が得られる人
③努力すると他の人の何倍分かの好結果が得られる人

「こうすればこうなる」ということはわかっているが、なかなかそこまでもっていく根性がない。つまり、ねばり強く努力ができないというタイプは、①のタイプの人に多い。挫折《ざせつ》する体験を重ねていて、努力することが即苦痛という条件反射が体にしみついている人なのである。

努力という言葉から、空しさと苦痛の経験しかよみがえってこないために、最初から努力する気力や頑張ろうとする意欲が失《う》せているのである。一度もものごとを成就したという喜びを知ることなく、途上で挫折の苦い思いばかりを体験している不運な人である。

身近な日常の中から〝とりあえず〟の目標を探す

そこで、日常生活に密着した、才能開発と同時に開運につながる簡単な方法をおすすめしよう。

その方法とは　とりあえず　の目標・ビジョンを持つということである。

こう若者たちに言っても、「でも、まだはっきりしないんです」という返事しかもどってこないのを、私はいやというほど体験している。目標があいまいであれば、目標に対する意欲がわかないのは当たり前であるし、意欲がなければどうして精進・努力ができるであろうか。そしてまた精進・努力がないところに、どうして目標の成就があり得るだろうか。

そこで私が先刻述べた「とりあえず」という言葉が意味を持ってくるのだ。人生の大きな目標として最終的なビジョンがさしあたりはっきりしないならば、それはしばらくわきに置いておき、まず、

身近な日常の中から　とりあえず　の目標を探して立ててみればいいのである。
◎あしたから毎朝、今までより十分早く起きる。これを一週間続けてみて、それができたら続けてもう一週間。成功したら三週目からもう十分早く起きよう。
◎今週、お皿を六分で洗う。一週間続け、達成できたら、おかずを作る時間を五分短縮する。それを一週間続ける。
◎通勤の電車の中で、毎日六十ページずつ読書をする。一週間続ける。そのあと百ページにふやして二週間続ける。
思いつくままにあげてみた。他人からみてつまらない、ちっぽけな目標であっても気にすることはない。その目標を実現するために毎日実行していく過程のなかに、しだいに自力運が生まれてくるのである。一週間、二週間と続けていくうちに運気が動きだす。その運気が回転しだせば次から次へといい運気を呼び込み、それからの運気がさらに大きな運気となってパワフルに動きだすのである。

どうしたら努力しようという気になれるのか

努力と人間との関係
3つのタイプ

1. 努力しても、さっぱり成果があがらない人
2. 努力しただけ結果が得られる人
3. 努力すると他の人の何倍分かの好結果が得られる人

「どうしたら努力し、頑張ろうという気になれるのか」

↓

〝とりあえず〟の目標・ビジョンを持つこと

＝

ごく身近な日常の中から〝とりあえず〟の目標を探して立てる

↓ 実行

自力運が生まれてくる!

17 目標が間違っていてもプラスになる

好きな英語に打ち込み運が開けた俳優志望の青年

さしあたり目標を立てて頑張ったが、自分の一生から見てそんな目標は意味がないと思うこともあるに違いない。簡単に目標など立ててはいけないのではないか、そんな疑問が出てきそうである。

だが心配はいらない。

私の周辺にはいろいろな人たちがいる。その中の一人に俳優志望の学生がいた。好感の持てるスタイルのいい若者で、マスクもよい。「ワールドメイト」の会員でもあり、あれこれ相談にのっていた。

しかし、スターダムにのって俳優としての活躍をするには何かが欠けている。そこで私は問われるままに忠告をした。

「俳優なんかやめて、英語をやるんだね。しかもカナダかオーストラリアへ行って徹底してやったほうがいい。うん、決まりだ、それでキミの運は開ける」

一年が過ぎたころ、その青年から一通の葉書が届いた。ロサンゼルスからである。

「……清水《きよみず》の舞台から飛び込む（原文のママ）つもりで、役者をあきらめて、当面とにかく英語をしよう（原文のママ）と頑張り、英語がある程度できるようになったとたんにハリウッドの映画にエキストラで出られるようになったのです。このラッキーです。本当にありがとうございます……」

そんな内容の手紙である。

この若者に必要だったのは、積極的にやろうとする強烈な意欲と自信であった。いつも不安でオロオロし、自信がないために、その容姿のわりに覇気が感じられなかった。ところが好きな英語に徹底して打ち込み、自信と実力が身につきだしたころに、運気が回転しだしたのである。

失敗は目標達成の原動力であり心のバネ

俳優志望の彼にとって、俳優修業を捨てて英語だけを学ぶことは目標設定のミスに思える。しかし、結果としては目標ミスがミスにならないのである。

たとえ最終的な目標と、さしあたりの当面のそれとが一致していなくても、そんなことはまったく心配いらない。その努力とその成果は必ず、最終的な目標達成のための養分、こやしとなっているのである。失敗は失敗でなく、最終の目標を達成するための原動力であり、成功に必要な具体的な知識と技術を学ぶことであり、さらに成就するために必要な心のバネでもある。

とりあえずの目標が間違っていてもいささかも後悔することはない。いや、「悔いるな」というより、むしろ「喜ぶべし！」。歓迎すべきことなのだ。

なぜか。ひとつには、間違っていたということを知れば、自分にとって真の目標は何かが明確になり、ゆるぎないものとなるからである。もうひとつは、失敗をとりかえそうとする強い意欲がわくことだ。〝とりあえず〟の目標を次から次へと数多く作ることが、ますます教養の厚み――それが心のバネともなるのだが――をもたらすことになる。

気楽に目標を立てて、どんどん実現していこう。とりあえずの目標が間違っていたら、その分だけ人間的幅と教養の厚みができたものと考え、大いに気をよくしよう。そして、さらに新たなる目標にチャレンジしていただきたい。

とりあえずの目標を立てて、どんどん実現していこう！

18

反省しすぎるのはよくない

不運な人とは反省の仕方が下手な人のこと

ことを起こし、失敗したときは反省を求められる。求められたほうも素直に「襟《えり》をただします」などという。

どこかの政界によくある姿だが、「反省する」といってよい結果が生まれたことは少なくとも政界では一度もない。いや、政界だけではない。一般社会でも同じことだ。

そこで私はあなたに逆のことをすすめたい。

「あまり反省しなさんな」

反省はたしかに美徳のひとつである。が、不運な人、自力の出しきれない人は、反省の仕方がひたすら下手である。

反省という言葉にこだわりすぎ、反省のための反省をしているにすぎないのだ。あの、日光猿軍団のスターたちは、反省の意味を知らない。言葉だけを知っているのである。

懺悔《ざんげ》というのは反省のためにあるが、それも度が過ぎると、萩原朔太郎《はぎわらさくたろう》の処女詩集の有名な『月に吠《ほ》える』になってしまう。

天上縊死《いし》

遠夜に光る松の葉に
懺悔の涙したたりて
遠夜の空にしも白き
天上の松に首をかけ
天上の松を恋ふるより
祈れるさまに吊《つる》されぬ

こうなってしまっては、反省、懺悔、それ自体が罪である。むろんこれは、キリスト教的な雰囲気が色濃くただよっている朔太郎の初期の詩である。キリスト教的な言葉を使って、詩に新鮮なイメージを与えて新しい感性の世界を拓《ひら》こうとした作品であるから、観念的な縊死を表現しているともいえよう。

自ら省みて改善点を見出し次に備えることが反省

だが、不運な人というのは、えてして反省といえばこの詩の表現する世界に共鳴しやすい傾向を持っている。

反省とは、自ら省みて改善点を見出し、次に備えることなのである。次を考え前向きに備えないのは反省ではない。愚痴《ぐち》であり、自己憐憫《れんびん》であり、甘えであり、ナルシシズムの裏がえしにすぎない。

終日乾乾《けんけん》、夕べに惕若《てきじゃく》

『易経《えききょう》』にあることばである。

朝目覚めたとき、天を仰ぎ大空に向かって思い切って背を伸ばし、〝よし、今日もやるぞ。全力を尽くしてやろう〟と決意し、同時に他力発動のために天（神・仏）にも祈る。一日が終わると、今日はどうであったかと惕若――一日の言動、やり方をつつしんで改善点をチェック――するわけである。

反省とは、一日意欲を燃え立たせる（乾乾《けんけん》）ために、夕べに一日を省みることにある。反省し過ぎて自分をいじめ、嘆くようなことがないようにすることだ。反省という字は、少《すく》な目に反《かえ》ると書くのだから――。

□□ 次への備えがなければ反省ではない □□

不運な人、自力の出しきれない人は
反省の仕方が下手

＝

反省のための反省をしているにすぎない

反省とは……

自ら省みて改善点を見出し、次に備えること！

※反省という文字は

『少な目に反る』

と書く

19 こうすれば心の切り替えはすぐにできる

心の切り替え、心の持ちようが悟りへの道

反省しすぎる人とはどんな人か。心の切り替えが下手な人がそうである。反省しすぎるというのは、すでに述べたように、じつは真の反省をしているわけではない。とうに過ぎたことに、ああでもないこうでもないと常に心を悩ませ、こだわり続ける状態なのである。

座禅《ざぜん》やメディテーションは、そうしたこだわりからの解放のためにあることをすでに述べた。普通の日常生活の中で、マイナスのいやな念が出てくるのを、パッと切り替えるための手段として考えられているのだ。

心外《しんがい》悟道《ごどう》なし

心の切り替え、心の持ちようが悟りへの道である。だから、いやな念が出たら瞬時にプラスへパッと切り替えればいいし、その結果、運も絶対によくなる。心の切り替えが下手な人は、気になる過去や未来のことに注意を向けて、憂鬱《ゆううつ》になったり失望したり悔《く》やんだりしてしまう。

ではどうするか。座禅は師について坐《すわ》らなければならないし、メディテーションは簡単だが効果が少なく、下手をすると憑依《ひょうい》される恐れもある。だが「方法がない」と心配することはない。あなたのペースで展開する自分のライフ・サイクルの中に、心を切り替えるコツを組みさえすればいいのである。

心のゆとりを得られれば運気はみるみる向上する

たとえば茶道・華道・弓道・剣道など、日本古来の文化の中から幾らでも取り出すことができるはずである。茶道に精進することは禅で得られる心境と一致する。茶禅一如《ちゃぜんいちにょ》である。剣道をやり弓道をきわめていけば、剣禅《けんぜん》一如であり弓禅《きゅうぜん》一如だ。

ゴルフでも登山でも楽器の演奏でも何でもよい。自分が没頭できるものはいろいろあるはずである。ひとつのことに没頭すれば、禅や瞑想《めいそう》が目的とする無我《むが》の状態が体験できる。そのときあなたは、あなたの心をとらえて離さぬ悶々《もんもん》としたこだわりの世界から、楽々と解放されて

いるのである。
「剣魂歌心《けんこんかしん》」ということばがある。剣に強いだけが武士ではないという日本古来からの考え方である。首を斬《き》られたときのために、そのときの境地を辞世《じせい》の句として詠《よ》んで兜《かぶと》の中に入れておく。剣を持つ雄々《おお》しい魂の中に、生死を離れて歌を詠むという心のゆとりを持つ。それが剣魂歌心である。

この歌ごころをどんな状況でも忘れないというところに、勝負を超え、淡々としたもうひとりの不動の自分がいる。激しいビジネスの戦場にありながらもその一方で、歌ごころ、そして音楽・絵画・書道や文学などの芸術への理解とそれを楽しむゆとりを持つ者が、最後には勝つ。

ビジネスの戦場からただちに剣魂歌心に心を切り替えるのはなかなかにむずかしいが、錬磨していくうちにたちどころにできるようになる。忙中閑ありというが、瞬時に心のゆとりを得ることができる。同時により高いレベルの歌ごころが得られる。そうすれば運気はみるみる向上していくだろう。

日常生活の中で心を切り替えるコツ

いやな念が出たら瞬時に
プラスへとパッと切り替える

⇩

運も絶対によくなる

ひとつのことに没頭＝無我の状態

⇩

こだわりの世界から解放される

21 自力運の限界で他力運が開けてくる

デッドポイントを超えれば努力・精進は楽しみに変わる

ツキを呼ぶとか、運がいいといった言葉が一般に使われているときには、想念の力や神仏に祈願することで幸運を呼び込むといった意味合いが強い。しかし、かりにそのような形でツキや運は呼べたにしても、ちょっとしたきっかけでたちまちツキを失い、運を逃がしてしまうこともあるから、本当の実力が伸びたことにはならないとするのが私の立場である。

ツキやラッキーは、真の強運とはいえないのである。真の強運とは、たんなる射倖心《しゃこうしん》をそそるようなものではない。つねに一定レベルの強さを維持してはじめて強運というのである。

われわれがもし強運を自分のものにしようとするなら、まず自力運を限界まできわめることが第一歩である。ギリギリまで自分の力の限界に挑むとき、そのときはじめて他力があと押しをする。そうなると、努力・精進は楽しみに変わっていく。そこに到《いた》るまで頑張ることだ。

たとえば、マラソン。

セカンドウインドという言葉がある。走っているうちに苦しくなるが、それをすごすと楽になることをいう。最初の苦しいときをデッドポイントというが、ふつう、われわれはデッドポイントに達したときか、あるいはその直前でやめてしまう。そうなると何事でも峠を越す直前で投げ出す習慣がついてしまって、成就の快感を味わうことがない。

セカンドウインドを迎えると顕在意識がパチンと切れて潜在意識が出てくる。つまり内側に抑圧されていた自力が表に出てくるのだ。これが才能開発につながっていくのである。記録は伸びるし、新しい才能が芽を吹きだす。こういう状態のときには他力が確実に動きだし、あと押しをはじめる。とたんに実力は何倍も伸び、運勢は二十倍、三十倍と強くなる。

では、他力とは何かをみる前に、自力の正体を詳しくみておこう。

適切な刺激によって前世の才能・素質・カルマが現れる

表に出ている自力だけが自力のすべてでないことを、あなたはもうご存じである。顕在している自力のほかに、潜在し眠っている自力があるのだ。眠っている自力とは、一般にいわれているように潜在能力のことであるが、これはふたつの流れから成り立っている。

ひとつは、親から受けている素質（遺伝）。もうひとつは、前世《ぜんせ》から後世へと積み重ねられてきた能力である。このふたつが合体したのがわれわれの自力という能力である。この能力を啓発し成長させるものが、外部からの環境の刺激である。

つまり、適切な刺激によってのみ前世の自分が表面化してくるのだ。すぐ前の前世の才能・素質・カルマが顕在意識の壁を破って現れてくるのである。こうした素質・能力・カルマ・性格というのは即前世が一番強く、次にその前の前世と、時代をさかのぼるにつれて弱くなるが、四十回も五十回も転生《てんしょう》しているので、その分の才能や資質が積み重ねられている。

才能が豊かであるということは、生まれかわりと死にかわりを数多く経験し、その間に錬磨した量が多いということになる。

他力運を呼ぶ自力運の正体

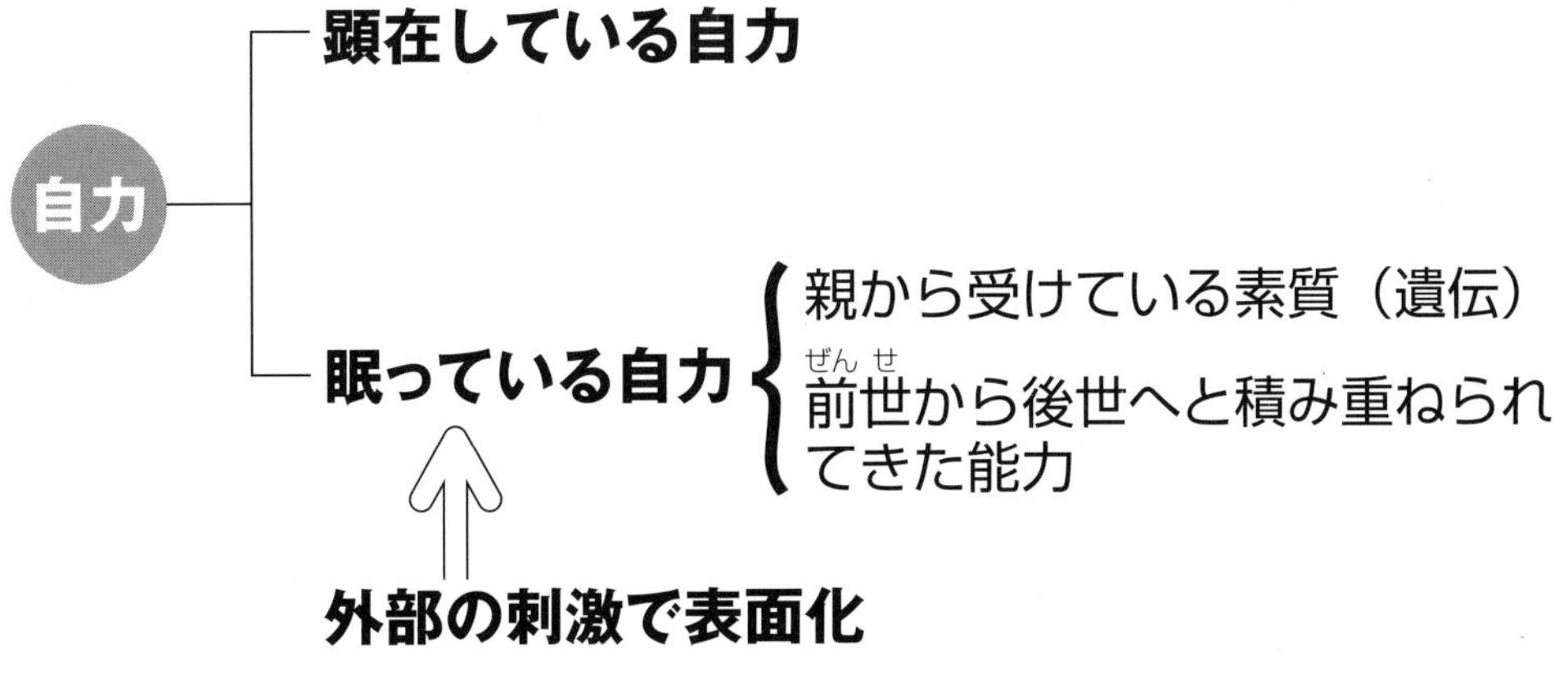

22 こんな人物は意図的に避けたほうがいい

人との出会いが前世の記憶を呼びさます

外部からの刺激とは、具体的には人との出会いである。この出会いについて別の角度からみてみよう。

あるホテルのボーイがたまたま酒場に来ていた出版社の編集者と知り合った。

「へえ、なるほど面白い体験をしてるんだな、キミは」

「いいえ、ぼくなんかの体験って、底が知れてます。もっとスゴイ奴《やつ》がゴロゴロいますよ」

「私が言いたいのは、同じ体験でもその受けとめる角度なんだよ。角度に何か新鮮さというかユニークさがある。そこがいいんだよ。キミ、書いてみたまえ。それをキミのことばで書いてみるんだ」

カウンターに残された一枚の名刺。それが彼の運命を決めたのである。編集者は、はじめて本を書く彼をしごきにしごき、ついに脱稿させる。出版された本は評判がいい。新鮮な感覚の文体である。リズムがある。若さがある。

「キミ、なかなかの才筆だよ」

はじめて、キザな編集者が優しい声をだした。彼はうれしかった。

「そういえば、祖父が何かモノを書いていたようですし、母方の先祖で歌人がいるらしいですよ」

「ウム、やっぱりそうか。私の目に狂いはなかったんだよ。キミはもっと伸びる。精進するんですね。これからはもう〝センセ〟だからな（笑）」

ベテラン編集者も満足であった。

自力のマイナス面を引き出す人物には意識的に会わない

人との出会いが、その人の眠っている前世の記憶を呼びさますのである。会った人は、ときとして強引であったりうるさかったりするかもしれないが、あなたの眠っている才能や素質に火をつけてくれる人物であるかもしれないのだ。

幸運をもたらす人との出会いというのは、とくに前世ですばらしい環境で、内面的にも経済的にも恵まれた生活をしていたときに築きあげられた関係の友人の生まれ変わりの場合が多いのである。だから、今生《こんじょう》でそういう人物に会うと心楽しく、意識の奥の奥にしまわれているその当時の素質や才能やパーソナリティが表に出てくるのである。

むろん逆の場合もあるが、これは恐ろしい結果につながる。ある人物と会うと暗くなる、なんとなく生きていく勇気が挫《くじ》けて死にたくなる——。それはオーバーにしても、人生がすべて灰色に見えてくるという場合もある。あるいは無性に腹がたってきたりイライラしたりする。

そんなケースは前世に何かの因縁があると考えるべきだ。たとえば落城の折にともに割腹自殺をしていたとか、対立していた敵同士であったということもある。

前章で「とにかく運のいい人物とつきあうこと」とすすめたが、その人物は強運であると同時に、自分の良さをも引き出してくれる人であることがベストである。たしかに運のいい人なのだが、その人物に会うと苦境時代の前世や最悪だった前世の記憶を呼びさまされてしまうという場合は、気をつけなければならない。

潜在している自力のマイナス面を引き出す人物には、意識的に会わないようにすることだ。

会って心楽しくなる人、暗くなる人

幸福をもたらす人

会うと心楽しい

＝

前世《ぜんせ》で、すばらしい環境で、恵まれた生活をしていたときに築きあげられた関係

⇓

つきあいをすすめる

マイナス面を引き出す人

会うと暗くなる

＝

前世に何かの悪い因縁がある

⇓

意識的に会わないようにする

23 相性がいいから強運になるとは限らない

相性は先入観でなく、自分の感性で素直にとらえる

相性を判断する方法としては、西洋占星術、四柱推命、血液型、九星術、手相、人相、姓名判断、易占などいろいろあって、なかには企業の社長や人事担当者が、これらを採用しているものもあるぐらいである。

仕事上の相性、恋愛や結婚の相性など、心理学的手法を使ったものから、今挙げた占いに属するものまで、何十種類もある。しかし、それぞれ独自な方法でやっているので、A氏とB子の相性は最高によいなどという同一結果が出ることはまずない。ホロスコープでは最高の組み合わせと出たのに、東洋の九星術でやると最悪のカップルというような場合も多い。

なぜなのか。すべてが正しく相性を判断できるわけではないし、また、単純に相性がいいからといっても、よい結果をもたらすとは限らないからだ。したがって、いろいろな相性占いで変な先入観を持つよりも、まずその人間がどんなイメージや雰囲気をもたらすかを自分の感性で素直にとらえるほうがベターである。

そんな感覚は自分にないという人は、相手を今までよりちょっと注意して観察するようにすればいい。その人と会ったときに明るく発展的な話ができるかどうか、そして出会った後の自分の状態をしばらくチェックしてみる。

といっても大ゲサに考える必要はない。あなたがその人物に会ったあと、何事に関してもプラスの面を評価しようとしているのか、マイナスの方向に注意が向きがちであるかを振り返ればいいのだ。

自分が磨かれていく上昇の運気を持つ人とつきあう

さらにもうひとつ、秘伝を公開しよう。相手の守護霊に「彼（彼女）がどんな方であるかどうぞ教えてください」と、真心からお願いすれば、その当のご本人の口を通しておのずと答えが得られる。問わず語りに相手がこんなことを話しだす。

「不思議なのよね。私の友達とか恋人ってみんな不幸になるのよ。ヘンでしょう」

ご本人はほとんど何も考えずに、ポロッと言うだろう。

「自慢じゃないが、オレがおつきあいさせてもらっている人って、たいてい世に出て活躍するんだよな。アパートで一緒にゴロゴロしてたと思ったら今じゃ、あいつ、一躍スターだもんね。あいつならスターになってもおかしくはないけどさ」

感情的に少しぐらい対立しても、一緒に組めば仕事は必ず成就するというのも発展的な関係といってよい。

結婚も同じだ。ケンカをしたり感情的にこじれることがあっても、奥さんの運気でご主人の良さが伸ばされるケースもあるし、最初の奥さんと離婚し、自分では相性がいいと信じた女性と再婚したとたん、がくんと運勢が悪くなり、能力が伸びなくなった男性もいる。

気持ちが合う合わないだけの感情的な相性だけにひきずられると、いろいろな結果を招きやすい。やはり、少しぐらい厳しいつきあいであれ、自分の素質や能力が伸び、磨かれていく上昇の運気を持つ人とのつきあいのほうがよい。究極的には、そのほうが幸福を得ることができるのだ。

幸福を得るための人とのつきあい方とは

相性を判断する

× **相性占いなどで相手に先入観を持つ**

○ **自分の感性で相手を素直にとらえる**

＝

明るく発展的になれれば○

自分が磨かれていく上昇の運気を持つ人とつきあうほうがよい

秘伝

相手の守護霊に、相手がどんな人であるかを教えてくれるよう、真心からお願いする

↓

問わず語りに相手が話しだす

24 パワーコールで爆発的な強運を得る

パワーコールで守護霊や善霊、幸運の気が大集合

正しくは〝神霊界パワーコール〟、略してパワーコールがある。

パワーコールとは何か。簡単にいえば、呪文《じゅもん》のことだと思えば理解が早い。

パワーコールと、その力を簡単に引き出し高めるためのマーク（神界幸運ロゴと称する）は、そうした民間伝承のなかから集めたものではなく、私がアンドロメダ天界から授けられたものである。

たとえば、金《かな》しばりにあった場合、金しばり解除のパワーコールが威力を発揮する。こんな呪文である。

「オン　サーベンダラヤー　ソワカ」

これは簡単な悪魔払いのパワーコールで、蔵《ざ》王権現《おうごんげん》の真言《しんごん》である。

もっと積極的なパワーコールもいろいろある。そのうちのひとつをあげると、

「ハルチ　ウムチ　ツヅチ」

このパワーコールは、災いを消し幸運を呼び込むものであり、同時に生き方も前向きとなり、心身ともにハツラツ、クヨクヨしない自分になれる。

これを三十六回声に出して唱える。まもなくあなたの守護霊を中心に善霊や幸運の気が大集合し、あなたは大きな力で守護される。ついで、自分自身と守護霊が合体し、霊感が鋭く研ぎ澄まされてくる。これらが総合された結果、あなたの意欲は何十倍にもふくれあがり、内側の眠っている力もしだいに引き出されてきて、やがて爆発的な運気となるのだ。

本人の確信→パワーコール→神霊界→霊界→本人

こうした流れが成立することによって強力な神霊パワーが得られるのだ。

自力運を何倍も強化する神霊ロゴ

しかし、読者はこういった事実をにわかには信じることはできないだろう。これまでの常識や先入観が邪魔をしているからだ。もしそうならば、少し歴史をふりかえってみてほしい。幸福になりたい、苦しみから救われたいというとき、解答を出そうとするのが宗教家である。

日蓮《にちれん》をみるといい。親鸞《しんらん》をみるといい。このふたりは何を説いたか。「衆生《しゅじょう》が救済するために簡単なパワーコールを紹介した」と言えば、世の識者からヒンシュ

クをかうだろうか。

たとえば、親鸞は「南無阿弥陀仏《なむあみだぶつ》」、日蓮は「南無妙法蓮華経《なむみょうほうれんげきょう》」。親鸞であれ、日蓮であれ、それらの経典を凝縮した形での称名《しょうみょう》を唱えることによって衆生を救おうとしたのである。その称名は、角度を変えていえば、仏に帰一して浄土に往生するという一種の真言《しんごん》であり、パワーコールでもあり、呪文でもある。

神界ロゴもそうである。神界ロゴとは、神霊界に存在する霊的な作用を発する記号であり、神霊界パワーを地上で受信する装置の一種だと思えばよい。神界ロゴを用いる心構えは次の通りだ。

◎効果を確信する
◎身近に置くだけでもよい
◎ただし、すべてをパワーコール、ロゴのみに頼らないようにする。
◎また、遊び半分の気持ちで用いることは危険である。

正しい使い方さえすれば、自力運は何倍も強化されるのだ。

確信すればするほど効果は絶大になる

パワーコール

本人の確信
↓
パワーコール
↓
神霊界
↓
霊界
↓
本人
強力な神霊パワーが得られる

神霊ロゴ

神霊界に存在する霊的な作用を発する記号
正しい使い方で自力運が何倍も強化される

25 コンプレックスの原因はどこにあるのか

〝自信〟と〝コンプレックス〟は同じ根、同じ源

周辺が大卒者ばかりというとき、「自分は中学校卒業だ」「高校卒業だから」とヒケ目に感じたり気おくれする人がいる。しかし、こういう気持ちを抱く人は自力運《じりきうん》も伸びないし、いわんや他力運《たりきうん》も伸びはしない。

ヒケ目や気おくれなどのコンプレックスをはじきとばして、「負けるものか！」と根性で頑張れば、他力運の開発につながるが、よほどの人でない限りその勢いを持続させることはむずかしい。そこで、先に述べた具体的な目標を持つことがポイントになってくる。目標を達成するプロセスとその成就によって、あなたは〝自信〟を持つ。その自信が反対のベクトルである〝コンプレックス〟をふきとばすのだ。

一見、〝自信〟と〝コンプレックス〟とは別々のエネルギーを持っているように思えるが、心の働きからいえば同じ根、同じ源なのである。負《マイナス》のほうへ心の力《エネルギー》が働けばコンプレックスとなり、肯定的な明るい方向へ向けば自信となる。学歴コンプレックスをふきとばすには、具体的にどうするか。大卒者とそうでない人との違いは何かをみてみると、

◎大卒者よりも中・高卒者は〝我見《がけん》〟が強い傾向にある
◎大卒者のほうが論述力がある
◎大卒者のほうが専門書を読む力がある

大きくみて、以上の三点だろう。

ところで、なぜ大学を出ていない人のほうが我見が強いのだろうか。

頑固な〝我見〟は将来への成長をはばむもと

大学の四年間、あるいはそれ以上の人もいるだろうが、勉強しようとすまいと、優等生であろうと劣等生であろうと、そんなこととは無関係に、大学生活は集団生活であるということに着目してほしい。いろいろな地域の出身者がさまざまな方言を使ったりする。また、習慣や考え方がまったく違う学生とも仲間づきあいをする。ここに学生生活の本当の意味があるのだ。

コンパやデート、テニスや麻雀《マージャン》など、男女集まって飲んだり、ダベったり、たまに授業に出たりと、遊び、勉強会、サ

ークル活動……多くの人との出会いがある。出会いがあれば必ず会話がある。会話があるということは、それぞれの好み、主張、意見が飛び交うということである。

じつはこの雑多な出会いや、一見ムダにみえる集まりに費やす時間がたいへん貴重なのである。自分の意見のみならず、多種多様な価値観と意見と主張とがあることを、在学中に学んでいくわけである。

これはたいへん大切な体験である。

〝我見〟というのは自分が正しいと思い込む〝独善《どくぜん》〟につながり、別の角度からものごとを見るという習慣がなく、視野が狭い。ある小さな技術だけにこだわり、頑固な職人気質をつくりあげて、若いのに発想も固く柔軟性がなく結果は全体の見通しのきかない人間で終わってしまう。

狭い分野しかものを見ることができず、「これでよいのだ」とか、その裏返しとして「自分にはこれしかできないのだ」とかの自己限定は、頑固な〝我見〟の現れであり、それが将来への大きな可能性や成長をはばむもととなってしまうのだ。

頑固な〝我見〟は可能性をダメにしてしまう

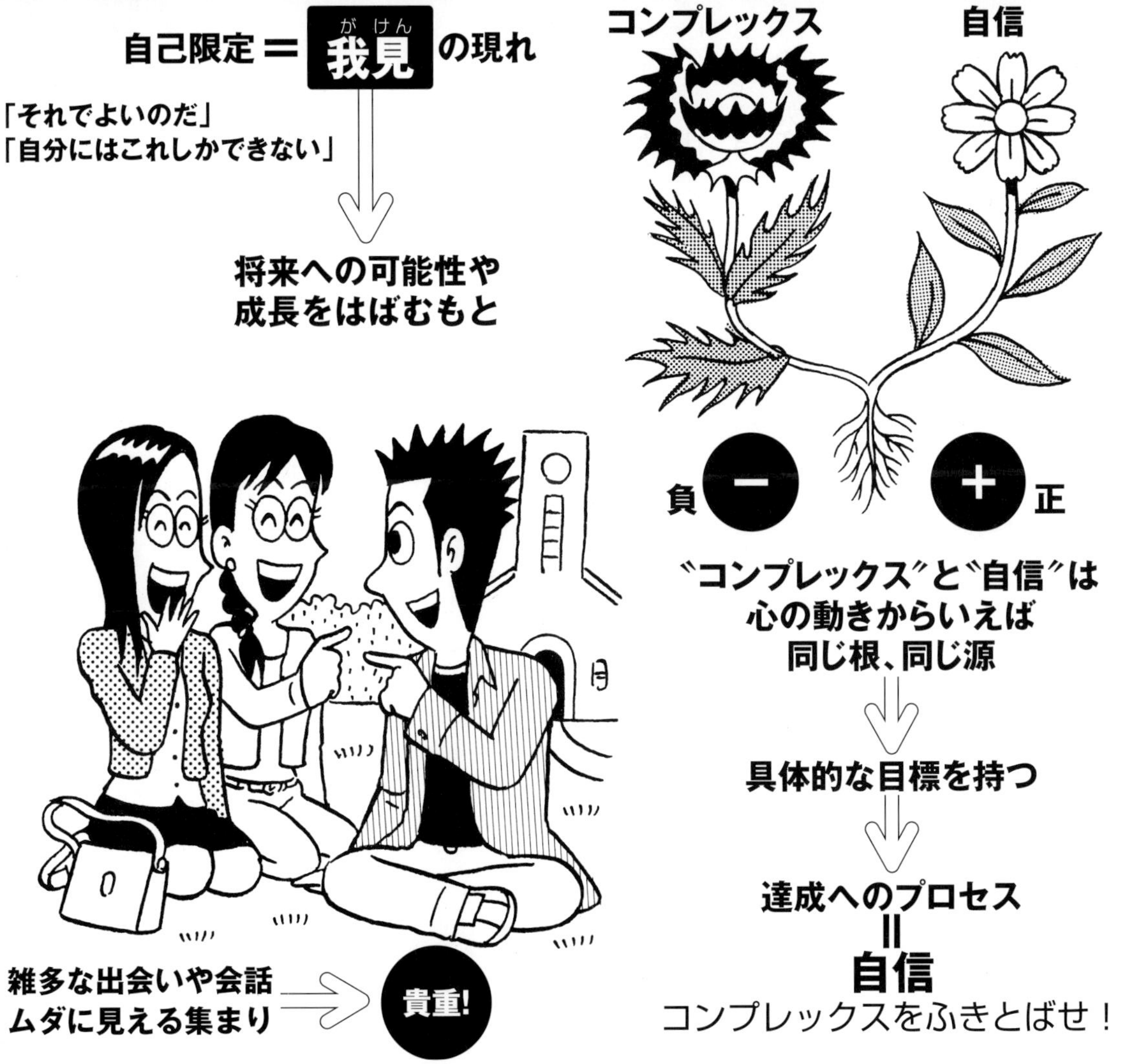

自己限定＝我見《がけん》の現れ
「それでよいのだ」
「自分にはこれしかできない」
将来への可能性や
成長をはばむもと
雑多な出会いや会話
ムダに見える集まり
貴重!
コンプレックス
自信
負
正
〝コンプレックス〟と〝自信〟は
心の動きからいえば
同じ根、同じ源
具体的な目標を持つ
達成へのプロセス
＝
自信
コンプレックスをふきとばせ！

26 〝論述力〟の訓練が道を開く

マンガと専門書の併用が大切

大卒者のメリットは、在学中に〝専門書〟を何冊か読まざるを得ないということである。すべて理解できなくても、何らかの〝専門書〟を読んだということは、まがりなりにもその分〝読解力〟が鍛えられたということである。

読解力とは、理解力、把握《はあく》力でもある。理解し、次にそれを自分のものにして表現していく能力、それを総称して私は〝咀嚼力《そしゃくりょく》〟と呼んでいるが、咀嚼力のない人は、どの分野の仕事においても自分を百パーセント伸ばすことは不可能である。

したがって、まず咀嚼力を身につけなければならない。その身近な方法が専門書を読むことだ。一冊でも征服すればあとはそれほど苦しくない。マンガや週刊誌に熱中しようと構わないが、一方で専門書によって見識を高めることは知性の錬磨に役立つ。意識的に密度の濃い考え方に慣れるようにすることが大切である。

書くという練習をおっくうがらないこと

大卒者の次のメリットは、どんな大学でも試験があることだ。試験があれば、何々について述べよという論述をしなければならないし、いやおうなしに文章を書かなければならない。

社会に出れば儀礼的手紙やレポート、稟議書《りんぎしょ》から契約書など、必ず文書で表現しなければならない。ところが大学生活を経験しない人は、訓練されていないために文書作りがきわめて下手であり、それが具体的な弱みとしても出てくる。

さらに、論述力というのは考えを要約し発表する能力であるから、冷静にものごとを観察し、その意味をよく理解、咀嚼して自分なりに再構成するという知的能力がいやおうなく鍛えられるのである。日記、手紙、何でもいい。まず書くという練習をおっくうがらないことだ。

言うまでもないが、学歴に関係なくスゴイ能力の持ち主は世の中に多数いる。たとえば大阪国際ホテルの有名なシェフだった西村さんもそのひとり。大阪司厨《しちゅう》士《し》協会理事長であり、ロータリークラブの役員もしている氏の学歴は中学卒である。私はある縁で西村さんからお手紙をいただいたことがあるが、群を抜くすばらしい文章に驚かされた。また、どんな場にあってもつねに堂々と立派な内容のスピーチをする。中卒だというコンプレックスなどどこにもない。功なり名をとげた人には、ひねくれた思いやひがみ根性など存在しないのだ。

〝我見《がけん》〟や〝我《が》〟の強さ、頑固さは教養と知性のなさが原因である。視野の広さや柔軟性は学問によって培われる。頑固というのはときとして必要だが、たいてい知性と教養の厚みに欠けているために、〝我〟と〝慢心〟とがブレンドされた場合が多い。中卒、高卒の人、あるいは職人さんが気をつけなければならないのは、頑固で職人気質に陥らないことである。そのためには、

◎我見をなくす努力

◎論述力の養成

◎専門書を読む読解力

を身につけること。そうすれば学歴コンプレックスをはねとばし、大卒者を上まわる活躍の可能性が広がる。これらを目標に実践し続ければ自力運が伸びだすとともに、他力運も身についてくる。

自力運を伸ばす3要素

3要素

①〝我見《がけん》〟をなくす努力＝教養と知性の厚みを増す

②論述力の養成＝書くという練習をおっくうがらない

③専門書を読む読解力＝〝咀嚼力《そしゃくりょく》〟を鍛える

この併用が大切

27 この五法則がツキを呼ぶキッカケになる

「天は自ら助くる者を助く」

自力を伸ばすべく努力を続けていると、それにともなって他力も加わってくる——これが運の原則であるところが面白い。

このどこが面白いかといえば、ツキというのはたんなる偶然ではなく、ツクべくしてツクものだからである。

ツキというのは、幸運、ラッキーのことであり、それを私は他力運と称している。そのことはこれまで何回か説明してきているが、自力運・他力運とわざわざ使い分けをしているのは、ツキとか幸運とか不運という漠然としてとらえどころのないものを、ツキを呼ぶ、すなわち運を強めるというかたちで確実に体得するためである。

他力運があるということは、ツキがあり強運につながることであり、それは自力運をあと押ししてくれる守護霊たちの働きが強いということでもある。

そして、ここで話は原則にもどるのだが、守護霊たちの大いなるあと押し、つまりツキを得るのは結局、自分自身の精進・努力と正しい方向性の結果であるということである。

そこをとらえて、

「天は自ら助くる者を助く」

と言わしめているのであり、さらに、

「天道、人を殺さず」

とも表現されている。

奇《く》しくも洋の東西を問わず、同じ意味のことをちゃんととらえているのは、それがまさに真理だからである。

ツキがあるかないかは自分自身の内にある

ツイているか、ツイていないか。他力運があるかないか。

それは、すべてあなた自身の内にある。他力運を得ようとするならば、自力運をまず強めなければならない。自力運を開発していくことが、即、運勢をよくしていくプロセスでもある。

ではここで、自力運と他力運とでより強力な運を獲得するための方法をまとめておこう。

①善なる待機
②日々、時々刻々の充実——ただ今に生きる
③目標を持つ——さしあたり、とりあえずの目標でよい
④こだわりのない心
⑤日々新たに

以上の五法則を身につけよう。

そうすれば必ずあなたの運勢は三十倍、四十倍、いやそれ以上にアップするはずである。

運勢を何十倍にもする5法則

自力運＋他力運

より強力な運を得る5法則

①善なる待機

②日々、時々刻々の充実
——ただ今に生きる

③目標を持つ
——さしあたり、とりあえずの目標でよい

④こだわりのない心

⑤日々新たに

28

五法則がなぜツキを呼ぶか

ツキとは自ら呼び込み、つくりあげるもの

ツキ・運といわれるものは、棚からボタモチがいつか落ちてくるのをぼんやりと待っているものではない。偶然の形で舞い込んでくるツキや運も、長い一生のうち一度や二度はあるだろう。だが、そういう偶然を期待し続ける限り、あなたの自力運も他力運も、ほとんど力を発揮しないままの一生になってしまう。

ツキとか運は自ら呼び込み、つくりあげるものだということ。この発想をまず徹底して自分に納得させよう。以上を前提として次にすすむ。なぜ五つの法則が、自力運と他力運の組み合わせで強大な運を呼び込むことができるのだろうか──。

善なる待機。

これについてはもうすでにふれたから意味はご承知のはずである。けれども、いましがたツキはぼんやり待っているものではない、つかみとるものであると言ったばかりではないか、それを待機せよとはどういうことか、と疑問をもつところだろう。

もっともだが、ここはポイントであるからぜひ誤解のないようにしたい。

善なる待機とは、こういうことである。

「五千万円ぐらい、どこからか降ってこないかなあ。五百万円でもいいけど……」

「ステキな男性が突然目の前に現れて、プロポーズしてくれないかなあ」

「係長をとびこして、突然課長の椅子《いす》がころがり込んでこないかなあ」

こんな願望を持ったにしても、それはたんなる夢想であって、けっしてツキを呼び込まないということである。そうではなくて、再三、再四述べてきたように、ツキや幸運を招くべく工夫をし、努力して、そして然《しか》るのちに待て。これが〝善なる待機〟である。

ジタバタしてあせりまくればツキや幸運は遠のくだけ

〝果報は寝て待て〟というが、何もしないでただ待つのを〝阿呆《あほう》は寝て待つ〟という。本当の意味は、〝人事《じんじ》を尽《つ》くして天命を待つ〟ということなのだ。

きちっと目標を定めて努力を続ける。そうすると時期がきて果実が実るようにチャンスがくるし、幸運が訪れる。それまでジタバタするな、あせるなということ

とである。ジタバタしてあせりまくれば、ツキや幸運は遠のくだけなのだ。だから待機せよというのである。

ツキとか運というものは、まず自分が走ったあとからついてくるものと理解するとよい。自分が走るとは、自力を出すということであり、定めた目標に努力を続けるということである。そうすればツキや運、つまり他力運はあとからついてきて、やがてその自力運と他力運は合体し、爆発的な力を生むようになるのだ。

だから、運やツキを求めてあせり、ジタバタさわぐな、愚痴《ぐち》るな、というのである。ジタバタし、あせり、愚痴を言いだすと、走る方向が見えなくなる。チャンスがきてもそれがチャンスだと見分ける能力がないので、せっかく応援しようとしている守護霊たちの力を弱めてしまうからだ。

守護霊たちは、清らかな気、美しいオーラであればあるほどそれに感応して、あなたのあと押しをする。そのあと押しの力が他力運であり、それがチャンスを生み、ツキや運を呼び込むのである。

▫▫ ツキを招く工夫をし、努力をし、待つ——〝善なる待機〟 ▫▫

ツキを呼ぶ5法則…その①

①善なる待機

ツキとか運は自ら呼び込み、つくりあげるもの ＝ ツキを呼ぶ前提

善なる待機

ツキを招くべく工夫し、努力して、
然《しか》るのちに待て！

×ジタバタさわぐ
×あせる
×愚痴る

↓

ツキや運が逃げる

29 これが自力運・他力運を発動させるコツ

〝暇〟をつくらないようにすることが大切

〝ただ今に生きよ〟とか〝とりあえず目標を持て〟という言葉は、やる気がなく無気力になる状態や、不安やあせりや自信のなさから脱出する具体的な方法論であり、かつ実際的な知識や技術をも身につけるという効用があることを、十分に理解していただけたと思う。

別のことばで言えば、〝暇〟をつくらないようにするということだ。

小人閑居《しょうじんかんきょ》して不善《ふぜん》をなす

と孔子《こうし》も言っている。暇になるとロクなことを考えないし、才能や魂の進歩・向上にプラスになるようなことをしないどころか、逆にそれを腐らせるようなことになる。

だが、そうした何らかの活動や行動をする人はまだ立派である。しかし、ひたすら何もしないで、過去のこと、失敗したできごと、かつて言われた悪口、叱《しか》られたこと、別れた人のことなどをウジウジとくり返し心の中で思い続けることは、最悪のパターンで、もっとも自分の魂を傷つけることなのだ。

それぐらいなら外へ飛び出して、酒でも飲んでウサ晴らしでもしたほうがいい。競馬にでも競輪にでも行って、大勢の人々の熱気とともに時を過ごすべきである。ウインドーショッピングであれ、買物であれ、映画であれ、パチンコであれ、気のすむようなことを何でもやればよいのだ。

公園、海、山……。好きなところに行って、大声で思いきってわめいてくればいい。でなければ、せっせと机の中を整理したり自動車を洗ったり、自転車をピカピカに磨いてみるのもいいだろう。

よどんだ水より、汚れていても流れる水のほうがよい

ともかく、何もしないでボンヤリしているよりは、ガールハントにでも出かけたほうがはるかに身心ともに好影響を及ぼす。

孔子はこう言っている。

「さいころ遊びや碁《ご》・将棋《しょうぎ》みたいなものがあるだろう、何もしないよりは、そんな遊びでもするほうがよいのだ」と――。

もっとも今では、碁・将棋は知的で高級な趣味になっているから、誰にでもできるものではない。

孔子が今生きていたなら、ファミコンや麻雀、パチンコ、競馬、あるいはＡＶなどを例にあげるかもしれないが、いずれにせよ、心をボンヤリさせたり、マイナス方向に向けるよりは、生命《いのち》がもっと生き生きすることにふり向けることが大切だ。よどんだ水のように腐敗するのを待つのではなく、少しぐらい汚れていても流れる水であったほうがよい。

それが自力運を発動させるきっかけになるからであり、自力運がじわりじわり動き出すと、他力運もそれにつれて動き出す。

「けっして閑居することなかれ」と言いたい。

□□ 〝暇〟をつくらない――〝ただ今に生きる〟〝とりあえずの目標を持て〟 □□

ツキを呼ぶ5法則…その②③

②日々、時々刻々の充実
――ただ今に生きる
③目標を持つ　――さしあたり、とりあえずの目標でよい

ただ今に生きる

とりあえずの目標を持て

やる気がなく無気力になる状態や、不安、あせり、自信のなさから脱出する具体的な方法

＝

〝暇〟をつくらないようにすること

「けっして閑居《かんきょ》することなかれ」

30 思い込んでいてはチャンスが見えない

実行可能な目標をピックアップする

自力運・他力運を合体させて強運とする法則の四番目は、「こだわりのない心」である。

とりあえずの目標を立てた。その達成のために、ただ今だけに集中し実行する。たとえその結果、大きな成果がすぐにあがらなくても〝善なる待機〟で待つ。さあ、ここまできたらしめたものだ。自動的にチャンスは必ずくるのである。

だが、もし、そこまでまだ進んでいないといった場合どうするか。

そういうあなたにひとつ質問をしよう。

あなたは、本書をここまで読んだとき、ただちに、「今すべき」あるいは「今自分に実行可能」な〝とりあえず〟の目標を本当に立てましたか?

頭の中だけで立てたのではダメである。とりあえずやれることを、白紙いっぱいにかたっぱしから書いてみる。

そして次の段階。

書き出された項目を、今度は自分に今どれがピッタリ合っているか、しかも実行可能かをピックアップする。不要なものはどんどん消していけばよい。残った〝とりあえず〟の目標が何であるのかをはっきりと具体的に、新しい紙に清書する。つまり、何を、どんなふうに、何日間あるいは何週間やる、といった形に明確にするのである。

ここまでできたらあとは実践するだけだ。できないはずはない。なぜならできることを目標にしたはずだからだ。できないとすれば、できないことを目標にしたからいけないのである。

〝こだわりのない心〟が目標へと向かわせる

さて、なぜこんなことを延々と書いたかといえば、じつは〝こだわりのない心〟を持つことと、この行為とが密接につながっているからである。とりあえずの目標を立てて、その一瞬一瞬に集中しているとき、こだわりのない心が生まれているからである。

目前の〝やるべきこと〟に集中しないで、心をぼんやりと遊ばせておくと、われわれの欲望に根ざしたさまざまな妄想、雑念が次から次に湧《わ》き出て、「どうしても社長令嬢と養子縁組みするのだ。そうすれば今度の人事で課長の椅子がまわってくるはずだ」「私ぐらいの美貌《びぼう》ならスターになれる。きっとスカウトがくるだろう」といった具合に思い込む。いろいろな思い込みかたがあるが、いずれもそれは強い執着の現れである。

激しいこだわりがマイナスなのはなぜか。ひとつのことに執着すると、その他の一切の事象が見えなくなるからだ。こうだと思い込むと、他のことが理解できなくなる。こうなると自力も伸びないし、もとより他力も発動することはない。こだわりのない心は、目標に向かって明るく、ただ今、ただ今に全力を注ぐとき、おのずからそうした心境になっている。

やわらかでこだわらない態度が培われるとき、あなたの目にはいろいろな現象がありのままの姿で映るはずである。そうすると、運命という列車の走り具合がよくわかり、「ここがチャンス。さあ、乗ろう」と決断でき、迷わず幸運列車の乗客となれるはずだ。

善なる待機が生きてくるときである。

目前の〝やるべきこと〟に集中——〝こだわりのない心〟

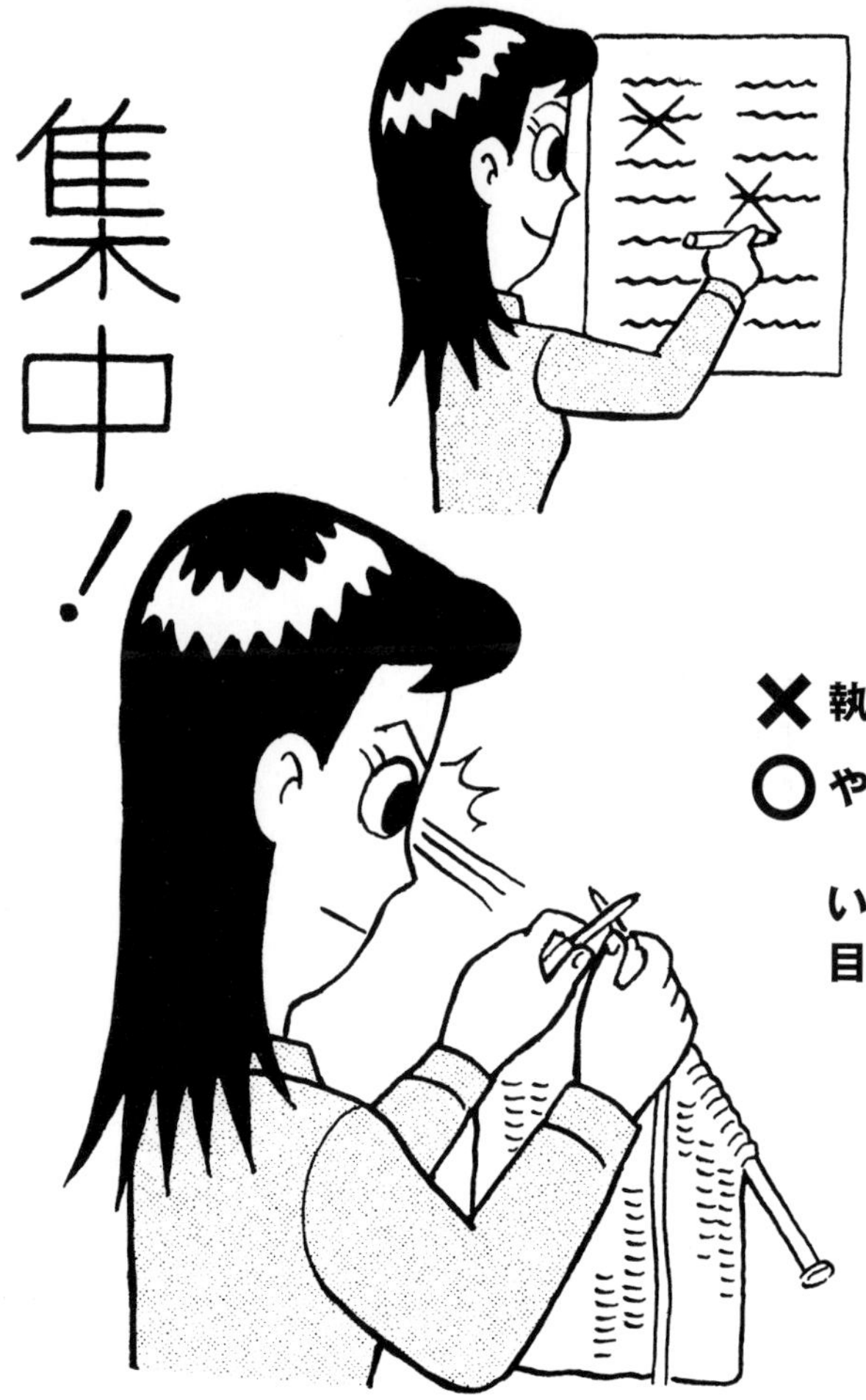

目標を書き出す

↓

実行可能なものをピックアップ
不要なものは消す

↓

実践!!

✕ 執着 → 一切の事象が見えなくなる

〇 やるべきことに集中＝こだわりのない心

↓

いろいろな現象がありのままの姿で映り、
目標に向かって全力を尽くせる

ツキを呼ぶ5法則…その④

④こだわりのない心

31 慣れに流されるとツキも流れる

安定した生活に慣れると成長にストップがかかることも

　その日その日、あるいは時々刻々を充実して生きていれば、確実に自力運と他力運とが向上してくる。

　しかし、気をつけなければならないのは、達成されやすい、次に設定するとりあえずの目標にすすむ途中で、安定した生活に安住してしまいやすいことである。安定した生活が確立できること自体、それはそれで非常にすばらしいことだが、その生活に慣れてしまうと成長にストップがかかるという危険性があるのだ。

　その安定した生活にひたってしまえば、何もそこから脱出しなくてもいいと思うだろう。苦労して新しいことに挑戦するという気力も、新しいことに魅力を感じ対応するという柔軟な感性と精神も失われていく。安定したことにこだわり、執着しはじめると言い換えてもいい。

　日本人の気性が保守的になったというのは、革新勢力の不甲斐《ふがい》なさのためもあるが、一億総中流意識を持つようになったことが、最大の原因である。保守的で安定した生活は、真摯《しんし》さを失なわせると同時に、漠《ばく》たる不安の温床《おんしょう》にもなる。何の刺激も感じられないところから、やがてまた不満と不安と失望とが生じ、マイナスな人生に暗転してしまいかねない。

日に新たに、日日に新たに、また日に新たなり

　そこで、では、どうするか。

　日日《ひび》に新たに——を心がけることである。

　これは、儒教では必読の古典といわれる『大学』のなかにある。私が二十前後からボロボロになるまで愛読した本のひとつでもある。

　日に新たに、日日に新たに　また日に新たなり
『大学』のことばは、殷《いん》王朝の創始者である湯王《とうおう》が、座右《ざゆう》の銘《めい》として洗面する器に刻み込んでいたという。毎日顔を洗うとき、このことばを胸に刻みつけて、一日のはじまりとしたのであろう。

　惰性《だせい》に流されるとき、われわれの生命《いのち》の躍動はない。魂の喜びはない。一瞬一瞬が生き生きしている——そんなときは、その一瞬一瞬が新しくなっているときである。きょうも新しい気持ちで、あ

すも新しい気持ちで、そして、あさってもまた……それは自分自身の脱皮の姿ともいえよう。そう心がけることが、惰性というよどんだ水におぼれない方法でもある。

新鮮なものをとらえようとする感度が磨かれているとき、新たな感動を得ることができる。新しいものへの好奇心、期待、発見する喜びの窓口は、頭でなく感性である。その感性をすっかりにぶらせておいて、日日に新たに――と唱えても頭だけ、観念だけのことであり、〝日日に新たに〟という思いが本当に心の奥まで響いてこない。そこには感動がなく、魂の発動がなく、喜びがない。だから魂は眠りこけ、惰性に流されるのだ。

したがって日々新鮮な気持ちを持つためには、われわれは自分の感度、感性を磨きあげねばならない。手段、方法はいろいろとあるはずだ。芸術に親しむこともいいだろう。「日に新たに」、そんな日々が送れるとき、あなたの強運はいよいよ確実なものとなる。

豊かな感性が惰性から救う――〝日日に新たに〟

とりあえずの目標

安定した生活 要注意!

生活に慣れてしまうと成長にストップがかかる危険性もあり

日日に新たに 豊かな感性が惰性に流れようとする日々からわれわれを救ってくれるひとつの武器

＝

日日新鮮な気持ちを持つ

＝

自分の感度・感性を磨きあげる

⇩

強運が確実なものに!!

ツキを呼ぶ5法則…その⑤

⑤日日新たに

32 あなたの守護霊は最高か、最低ラインか

意志の力に強い運が伴って はじめて目標が達せられる

　世の中には、目標をかかげたら、絶対に達成してしまう人がいる。極めて意志力の強い人といえようが、だからといって意志力だけで目的を成し遂げられるわけではない。自分自身に果たしたノルマならともかく、他者との関係の上で成り立つもの、たとえば、社会的評価、地位といったものは、意志の力だけではどうにもならない。そこに強い運が伴ってはじめて、目標が達せられるのだ。

　こういった非常に強運を持っているひとりが、イラストレーターの横尾忠則さんだ。彼の前世《ぜんせ》をみてみると、明《みん》の時代の袁了凡《えんのりょうぼん》という人に行きあたる。袁了凡は、思想家であり官僚であったが、あるとき当代随一といわれた易占の名人に、一生のたどる道を予告された。

「……○○歳でこうなり、それからこうなって、そして五十三歳で死にます」

　その後、彼の人生はまさに占いの名人のことば通りに展開されていった。

　ある日、ともに参禅《さんぜん》することをすすめた雲谷《うんこく》禅師が、もう自分の一生も決定したと悟り切った心境の了凡に驚き、たずねた。そしてすっかり運命論に陥っていた袁了凡に、いにしえの聖賢《せいけん》たちの生き方を例にあげて、徳《とく》を積むことで天の命《めい》数《すう》も変わるのだ、ということを説いてきかせたのである。

　はじめて袁了凡は徳と運命とのつながりを悟り、それ以来、日常生活のなかでどうしたら善根功徳《ぜんこんくどく》が積めるか、人を救うために何をすべきであり、何ができるのか。また、それがどれぐらいの功徳《くどく》になるのかの基準を作り、記録し、日々功徳を積み重ねていった。それをまとめたのが『陰騭録《いんしつろく》』である。

　袁了凡は、思う限りの徳を毎日毎日積んでいき、やがてできないはずの子どもにも恵まれ、寿命だとされていた五十三歳をすぎてもますます元気で、結局七十四歳の長寿をまっとうした。

第一線で活躍する人は すばらしい守護霊に導かれている

　横尾忠則さんは、その袁了凡の生まれ変わりであり、彼は前世でおよそ七万人余りの人を救済している。それだけの徳を持って生まれてきているだけに、現世《げんせ》

において目標を定めて努力すれば、眠っていた新しい才能・自力が容易に引き出せるのは当たり前である。

社会の第一線で才能を存分に発揮して、名声も富も活動の結果として得ているという人物は必ずこのように強力な自力運をバネにして最強の他力運、直接的にはすばらしい守護霊に導かれている。

このような守護霊は、その人物の先頭に立って積極的に力をふるっているわけで、それを私は、〝最高ラインお導き守護霊〟といっている。これはその人物の徳分と努力・精神にあわせて、最高ラインの運命へ導こうとし、人生を積極的に開拓しようという守護霊のことだ。

その反対側の存在が〝最底ライン突破守護霊〟である。これは人生に対して消極的な守護霊であり、このような守護霊に導かれると才能も普通で、あまり大きな目標を持たないのでそれほど大きな不満もなく、あるときはなんとなく不運で、あるときはちょっとツイたりして、気がつくとそれほど可もなく不可もない人生を送ってしまうことになる。

〝最高ラインお導き守護霊〟と〝最低ライン突破守護霊〟

社会的評価・地位
（他者との関係の上で成り立つもの）

＝

意志の力 ＋ 強い運 で達成！

〝最高ラインお導き守護霊〟
本人の徳分と努力や精神にあわせて
最高ラインの運命へ導いてくれる

〝最低ライン突破守護霊〟
人生にとても消極的な守護霊
可もなく不可もない人生になる

33 危機一髪を助けてくれるのは消極的な守護霊

目標を立てれば消極的な守護霊も動き出す

沈香《じんこう》もたかず屁《へ》もひらず——。

人畜無害、いてもいなくてもいい、なんとなく漂っているだけの人生を送っている人がいる。これでは生命《いのち》がしなびていくばかりで、魂の輝きがない。まるで植物のような人間みたいなものだ。

「よし、それなら今日から会社が終わったら、新宿の街角で十人の女の子に声をかけてハントしよう！」

もし、あなたがそんな決意をしたとする。あまり志《こころざし》の高い決意ではないが、それでもあなたの守護霊は、「しかし、眠っているよりはましだろう。誰かれなく声かけて断られた屈辱感が、別のプラスの方向へ向けられたらいいのだから。よし、応援してやるか」と、ようやく重い腰をあげてくれるだろう。

どんな目標であれ、まず設定してみる。何もしないでいるよりは目標を立てたほうが、手もちぶさたで消極的な守護霊も動きだしてくれる。こうした消極的な守護霊は、守護している人物がなんの目標もヤル気もなく、ただ惰性《だせい》に流されただ日々を過ごしているために、自分の働く場がなくウツラウツラしているのだ。

しかし、危急存亡の事態になるとパッと目を覚まし、必死になって活躍してくれるのである。

人の意志、意欲に感応して守護霊は〝指導霊〟になる

たとえば、飛行機墜落事故の時などに守護霊の力の有無がはっきりとわかる。予定通りに搭乗して生命を失った人、直前でキャンセルして命拾いした人と、運・不運が分かれてしまうのだ。こういう場合の守護霊を〝最低ライン突破守護霊〟といっているが、この守護霊は事故あるいは緊急の場合に働いてくれる。

自動車と衝突して自転車もろともハネとばされたが、カスリ傷ひとつ負わなかった、川で溺《おぼ》れそうになり、もうダメだと思ったとき通りすがった釣り人に助けられた——さまざまな状況で助かった体験をしている人が多い。こんなとき、「ああ、運がよかった、ツイてたなあ」とホッとして胸をなでおろすはずである。

守護霊が実在するからである。

しかし、このような最低ライン突破守

護霊は、発展的な運命を開拓するという強力な他力にはなってくれず、つねにぎりぎりの線をガードしているだけである。つまり、本人の強力な意志力がない限り、守護霊もより積極的な働きをしようとはしないのである。

人を導く霊を〝指導霊《しどうれい》〟と呼ぶ。指導霊はその人の意志や意欲に感応して、大いなる力を発揮する守護霊の進化した姿である。守護霊が指導霊になり、強力なバックアップが得られるようになると次なる変化が現れる。一層精進・努力を続けるうちに、やがて自分自身が指導霊なのか、指導霊が自分なのかわからなくなる状態となる。つまり守護霊と自分との合体霊となり、その周囲を守護霊群団が取り巻き、守ってくれるようになる。

世の一流の人、大人物といわれている人は例外なくその域に達している。あなたも、あなたの守護霊を最低ライン突破だけにとどめておかないことである。「人は変化し、運命を改善できる」ということをまず確信することが第一歩なのだ。

「人は自分の運命を改善できる」

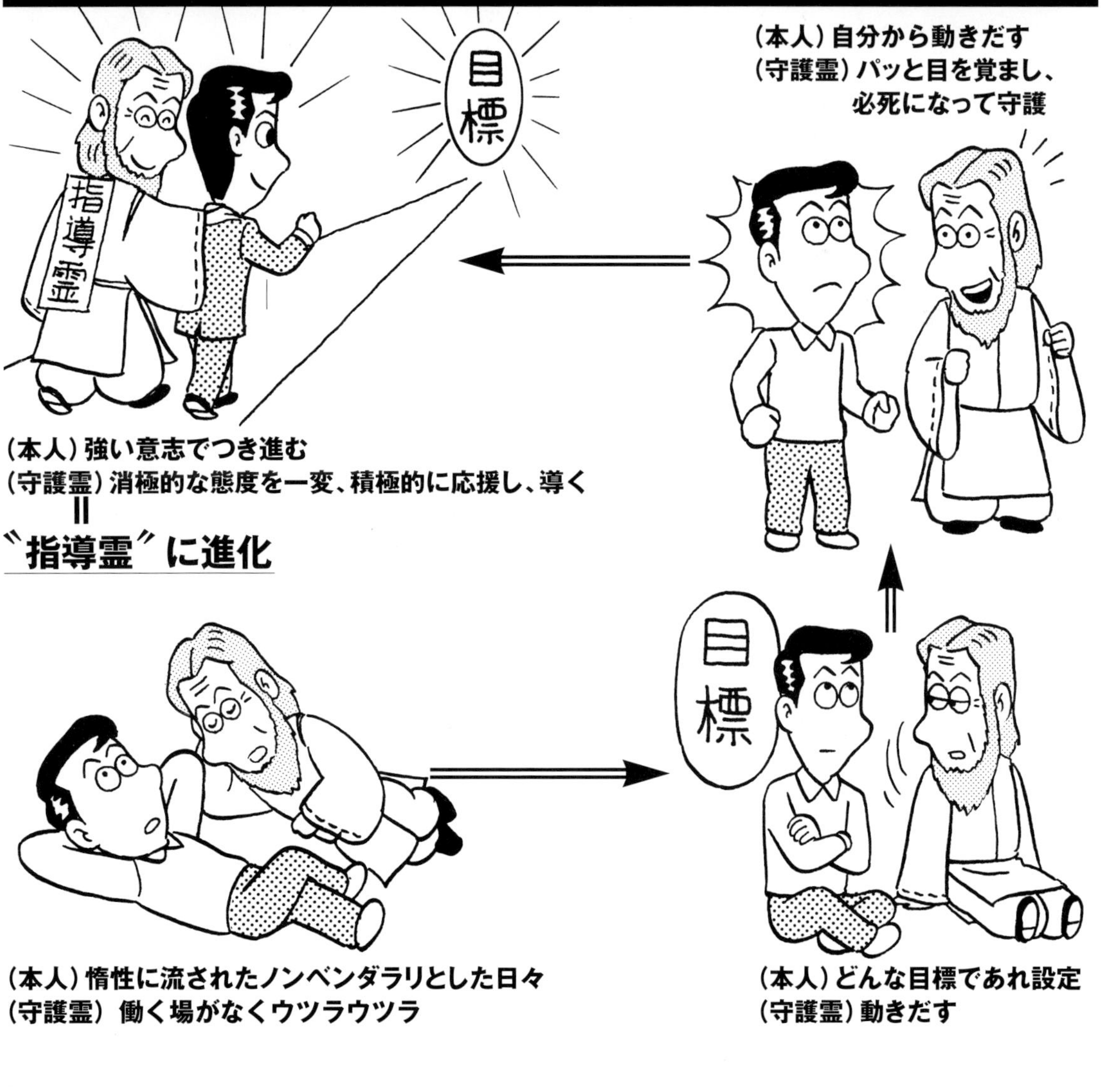

(本人) 惰性に流されたノンベンダラリとした日々
(守護霊) 働く場がなくウツラウツラ
目標
(本人) どんな目標であれ設定
(守護霊) 動きだす
(本人) 自分から動きだす
(守護霊) パッと目を覚まし、必死になって守護
目標
指導霊
(本人) 強い意志でつき進む
(守護霊) 消極的な態度を一変、積極的に応援し、導く
‖
〝指導霊〟に進化

34 なぜ努力する意欲も出てこないのか

努力すること自体ができずに悩んでいる人が多い

人には三つのパターンがある。

◎努力しても伸びない人
◎努力しただけ伸び、成就《じょうじゅ》する人
◎努力すれば飛躍的に伸び、結実・成就する人

誰でもわれわれは三番目の最強運の人でありたいと願う。しかし、大多数の人は一番目に該当する。努力しても伸びないし、なかなかものごとが成就しないので悩み、あせり、あるいはふてくされてあきらめる。もっといえば、じつは努力すること自体ができないので悩んでいる場合が多い。

「こうすれば自分の能力からしても、だいたいこのレベルまで行くんだがなあ。知ってるんだけどさ、なかなか根気というか持続力というか、努力するのがイヤなんだよね」

「そうそう。結局さ、俺《おれ》たちナマケモノなんだよ。やってやれないことはないけどさ」

それが昂《こう》じて、やがてこう言うようになる。

「やっぱサ、オレたちサ、ガツガツして出世しようなんて思わないんだよな」

「そうだよ、人の足引っ張ってまで出世なんてサ、みっともないよ」

「まったくだよ。営業の田村なんか、課長にゴマばっかすってさ、見ちゃいられない……」

「気分悪いよナ。今夜はウサ晴らし、パァーッとやっか」

パァーッとやれば見事なのだが、実際は屋台でいつまでもウジウジ、ジメジメ……。独り暗い部屋に戻って、呟《つぶや》く。

「あーあ、世の中ってつまんねえな。俺って不運だなあ。金持ちの未亡人でもいねえかなあ」

努力する力を失うのは徳が足りないのが原因

目標に向かって努力する意欲すらわかない。じつはこれで多くの人が悩む。だが、この実状を掘り下げれば、「努力しても自力が出ず、成果があがらない」のではなく、成果があがるほどの自力が出る前に努力を放棄《ほうき》してしまうのだ。しかし「努力しただけ成果があがった」となるともうしめたもので、次のステップに

飛躍するのはそれほど困難なことではない。

では、なぜ努力する力を失うのか。

賢明な読者諸兄はご存じのように、徳が足りないからである。成功の法則やツキを得るために著されたハウツウの出版物はいろいろあるが、この徳について正面からとりあげているものは数少ない。想念の使い方など心の技術的なノウハウには詳しくても、それからのテクニックを支える徳を正しくつかまないと、現実的にはあまり得をしない。

この徳、あるいは徳分によってあなたの自力運と他力運はどうにでもなる。つまり、徳分を積む量にそって自力運が高まり、他力運が引っ張り出されてくるのだ。これまでどんなに成功するハウツウやツキを呼ぶ技術を学んでも、少しも成果があがらなかったとしたら、この〝徳〟に対する考えが欠落していたからだ。

では、徳をどうしたら積めるのだろうか。まず、徳の三つの種類からみていこう。

努力の成果を支えるのは〝徳〟

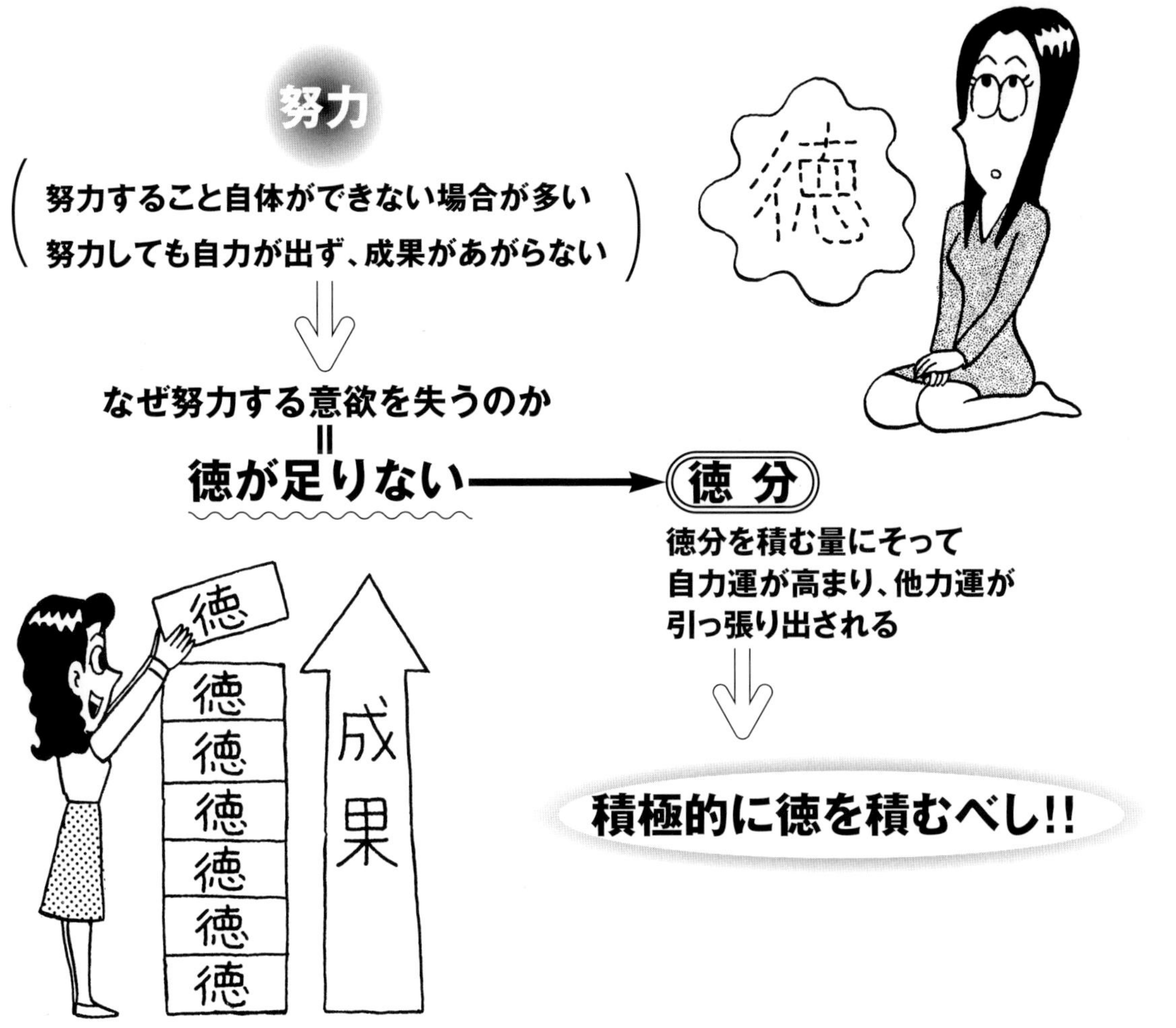
努力
努力すること自体ができない場合が多い
努力しても自力が出ず、成果があがらない
なぜ努力する意欲を失うのか
=
徳が足りない
徳分
徳分を積む量にそって
自力運が高まり、他力運が
引っ張り出される
積極的に徳を積むべし!!
徳
成果

35 この三つの徳があってこそ一流の人物になれる

一流の人は人徳・地徳・天徳を兼ね備えている

いちがいに徳というが、これは三つに分けられる。

まず、人徳《じんとく》がある。

「Xさんは、たしかに人徳はあるんですが、なかなか世の中では報われませんね。能力もけっしてライバルのYさんに劣らないんですが、どうしてもYさんの方が目立ちます」

日常よく耳にする会話である。人徳があって才能があっても、ライバルのYさんにつねに負けているXさん、そんな人はわれわれの身近にもいるはずである。

この人徳というものは、自分自身を修養して高めている人格面をいう。その人物の人間的色あい、魅力をさしているのだ。人徳があっても恵まれなかったりツキがないのは、もうひとつの徳が足りないからである。

それが第二の徳、地徳《ちとく》である。

この地の徳というのは、前世《ぜんせ》において自分がどれほど徳を積んできたかという過去の徳分のことである。地徳の有無が、社会で才能が認められて開花・結実するかどうかに関わってくるし、また、ツイている人とツイていない人との違いとなるのだ。

三つめが、天徳《てんとく》である。

天の徳を持つ人は、悟りとか叡智《えいち》やパッとひらめく発想、才能、霊的な素質を有するとともに、危急存亡《ききゅうそんぼう》の折にも助けを得られるのだ。

世で活躍する一流の人物というのは、たいていこうした、人・地・天の徳を兼ね備えているのである。

あなたの方向性を三つの徳に合わせよ

たとえば、天の徳があっても地の徳がないとすれば、あなたの望みは世の中で結実・成就しない。「発想・ヒラメキは抜群だけど、どうも現実に役立たないんだよなあ」と言われるのがオチである。

地の徳があって天の徳がなかったらどうなるか。

「あいつ、何やっても結構うまくいくけど、スゴイ発想で時代をリードするといった、叡智の香りみたいなものとはまったく無縁なんだよな。才能があっても、あれが限度だぜ」

人徳がないと、

「たしかに彼は成功してるかもしれないけど、あんなに狡猾《こうかつ》で悪辣《あくらつ》だといい死に方しないね。見ててごらん、そのうちポックリ……」

こんな声が聞こえてきそうだ。人・地・天の徳がバランスよく揃っていない人は、世間のにぎやかなヤッカミや批判を浴びることになる。徳には三つあり、それぞれの働きがおわかりいただけただろう。人・地・天の三つの徳が調和してそろって、はじめてより完璧《かんぺき》になるのである。

人間誰しも完璧な存在ではないが、少なくともどうすればそうなれるか、それに近づけるかの方向性がはっきりしたのであるから、今こそあなたの努力目標を徳を得る方向にピタリと定めることだ。

自分にはどの徳が足りないか。まずその弱いところを発見して、そこを補強することである。というと、前世の不徳を今生《こんじょう》で補強することができるのかと疑問が出よう。もちろんできるのである。そのことは次の章で詳しく述べることにしよう。

□□ 人・地・天の三つの徳がそろって、より完璧になる □□

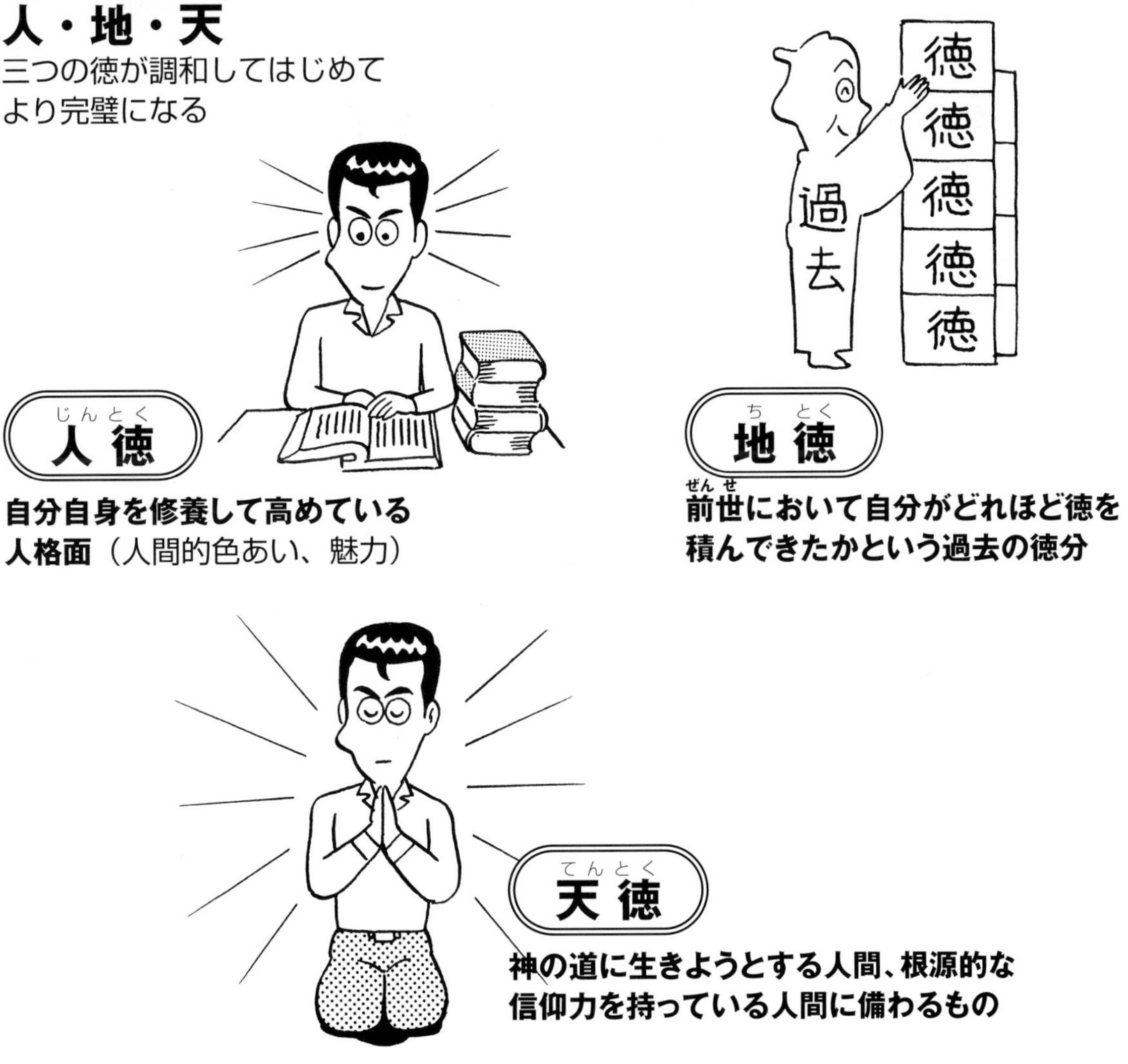

人・地・天
三つの徳が調和してはじめて
より完璧になる
人徳《じんとく》
自分自身を修養して高めている
人格面（人間的色あい、魅力）
徳
徳
徳
徳
徳
過去
地徳《ちとく》
前世《ぜんせ》において自分がどれほど徳を
積んできたかという過去の徳分
天徳《てんとく》
神の道に生きようとする人間、根源的な
信仰力を持っている人間に備わるもの

36 失敗したとき立ち直る簡単な方法

大切なのは失敗したときにどう立ち直るかということ

たとえ徳分があっても才能があっても、失敗するときには失敗する。大切なのは失敗したときにどうするかということなのだ。一度大きな失敗をすると、もう再び立ちあがれない人もいる。しかしもっとも多いのは、二、三回ぐらいでノックダウンしてしまい、あとはひたすら臆病《おくびょう》になって、鳴かず飛ばずの人生で終わってしまうというタイプだ。

世の成功者というよりも、もはや世界的偉人に数えられる故松下幸之助氏は、こう言い切った。

「私はこれまで失敗したことがない」

ええっ！　と驚くか、ホントかなと疑ってみるか、ふーむなるほどと感嘆するか、あなたはいずれであろうか。

松下幸之助氏の「私は失敗したことがない」というセリフの意味は、そのときは失敗に思われたことが、結果としては大成功の基礎、あるいは材料になっていたということなのだ。

いかに失敗にみえようとも、それは成功への準備であり、トレーニングと思えばいいのだ。

本物の実力を養成するために守護霊が失敗させることもある

あなたの守護霊が高級霊であり、しかもあなた自身に大きな力が秘められていれば（というよりも大きな能力を持った人には、それにふさわしい力のある守護霊がつきそっているものであるが）、あなたは何回も失敗をさせられ、幾たびも困難な状況に追い込まれるものである。

なぜか。あなたを徹底的に錬磨《れんま》し、眠っている能力を引き出し、本物の実力を養成するためである。ピンチのあとにチャンスあり、というではないか。「よしヤルゾ！　ピンチをチャンスに変えよう」という勇猛心《ゆうもうしん》をふるい立たせるとき、はじめて大きな他力が働いてくるのだ。

その大きな他力が発動するとき、失敗は失敗でなくなり、結実・成就へのひとつの素材となるのだ。その強烈な他力に点火するのが、あなたの〝勇猛さ〟なのである。つまずき、失敗したと思ったとき、人はあれやこれや言うだろう。その一つひとつに気をとられていたら、ひたすら滅入ってしまうばかりである。

そんなときは、しばらく「見ざる・聞かざる・言わざる」のサルになるか、前にふれた四勿《よんこつ》主義でゲンコツ握って耐えるか、六根清浄《ろっこんしょうじょう》をぶつぶつ言うか。はたまた天衣無縫《てんいむほう》な生活のなかで優しく強いあの良寛《りょうかん》の詩でも口ずさんでいればいい。

不倒翁に題す

人の投ぐるに任せ　人の笑うに任す
さらに一物《いちもつ》として　心地《しんじ》に当るなし
語を寄す　人生もし君に似せなば
よく世間に遊ぶに　なに事かあらん

「おもちゃの起上り《おきあがり》こぼしクンよ、人にどうされようと任せっきりで、まったくなにごとも意（心地《しんじ》）に介さない。お前さんのように過ごせば、この世に何も困ることはないなあ」というわけである。

◘◘　失敗は成功への準備であり、トレーニング!!　◘◘

失敗
臆病になる
失敗で終わる
成功への準備、トレーニング
さらに創意工夫をする
成果を得る
「ピンチを
チャンスに!」
失敗
成功する人は
失敗をバネにする!!
失敗
ヤルゾ!
成就!!

37 他力にはいい他力とわるい他力がある

邪なる他力運は人を不運にする

　ところで、ここまで読み進まれたあなたは、神仏に祈り、ツキを呼ぶことも他力ではないのだろうかと、疑問に思われたのではなかろうか。

　たしかに他力である。ふつうにいえば、他力とは神仏に頼ることと解釈されるから、間違いではない。しかし、神様仏様に祈ればツキを呼ぶことができるという形で他力運をとりあげなかったのには理由がある。それでは正しい自力運も他力運も得られない場合がほとんどであるばかりか、危険な他力運があなたにつく場合も少なくないからである。

　他力運には、正と邪の二つがある。

　ではその正・邪はどこで分かれるのか。

　たとえば、ある人が強運を願い、金運が欲しいと熱望し、稲荷《いなり》神社に行き、お賽銭《さいせん》を出して一生懸命祈ったとする。すると霊験《れいけん》あらたか、さっそく金運に恵まれ、仕事も順調。これは有難い、さすがにおキツネ様、すごい霊力と、うれしくなって今度はお賽銭だけでなくサービスに油揚げも捧《ささ》げようとまたお参りに行く。

　すると以前とまったく同じ仕事のやり方なのにすべてが好調で金もよく入る――こんな幸運はない。順風満帆《じゅんぷうまんぱん》、どんどん調子がよくなる。ところが人間、調子がよくなると昔のことを忘れる。稲荷神社への参拝もついつい欠かすようになり、しまいにはその神社のことも多忙にまかせて忘れてしまったとしよう。

　ある日、その人が交通事故に遭った。それをきっかけに今度は坂をころがり落ちるようにツキが落ち、仕事は不振、金に困り、家庭不和、そのうえ子供が登校拒否……と急激に人生は暗転する。こうなったときの他力運は、けっして正ではない。邪なる他力運であったわけだ。

　このように邪なる他力運は、気まぐれな山の天気に似て一時的なものであり、しかも本人の基本的な能力や才能、実力はまったく開発されないといった欠点がある。こうなるとご利益どころか、逆に子孫の代まで不運をもたらすことになる。

正なる他力運は人を幸せに導き、永遠性がある

　正なる他力運とは何か。邪なるものとは反対に、はじめはめざましい効果がな

いようにもみえるが、ある程度の実力が身についたころ、パッと花開き、結実する。したがって〝善なる待機〟の時間がどうしても必要であるが、その幸運には永続性があり、邪の反動もないので安心していられる。

この善にして正しい他力運を発動させるもとは、お賽銭の額とか油揚げの量ではなく、その人の真《まこと》、真心そのものである。大金持ちのどうでもよい一万円の献金よりも、金がなくとも真心のこもった五百円のほうが、正神界の神々、仏様たちを動かし、守護霊たちを喜ばせる。そのとき正なる他力が動くのである。

「苦しいときの神頼み」というが、決意も、努力も、覚悟も何もしないで、ただ「神様仏様守護霊様、運を強くしてください」では通用しない。自分自身の実力をつけることを考えず、いくばくかのお賽銭を投げてどうにかして欲しいと祈った結果、ご利益らしきものが得られたとしても、それはイタズラ好きかイジワルな邪霊たちか、動物霊たちの悪しき介在であることを知っておくべきだ。

正なる他力運と邪なる他力運の違いを知るべし!!

	正なる他力運	邪なる他力運
効果のあらわれ方・特徴	・はじめはめざましい効果がないようにみえるが、ある程度の実力がついたとき、パッと花開き、結実する ・幸運に永続性があり、反動もないので安心していられる 〈幸福になる〉	・一時的で本人の基本的な能力や才能、実力はまったく開発されない ・当初は面白いほどご利益をさずかるが、一時的で本人の実力が伸びずに反動があらわれる ⇩ 子孫の代まで不運をもたらす 〈不運になる〉
他力運を発動させるもと	真心	金銭、油揚げ

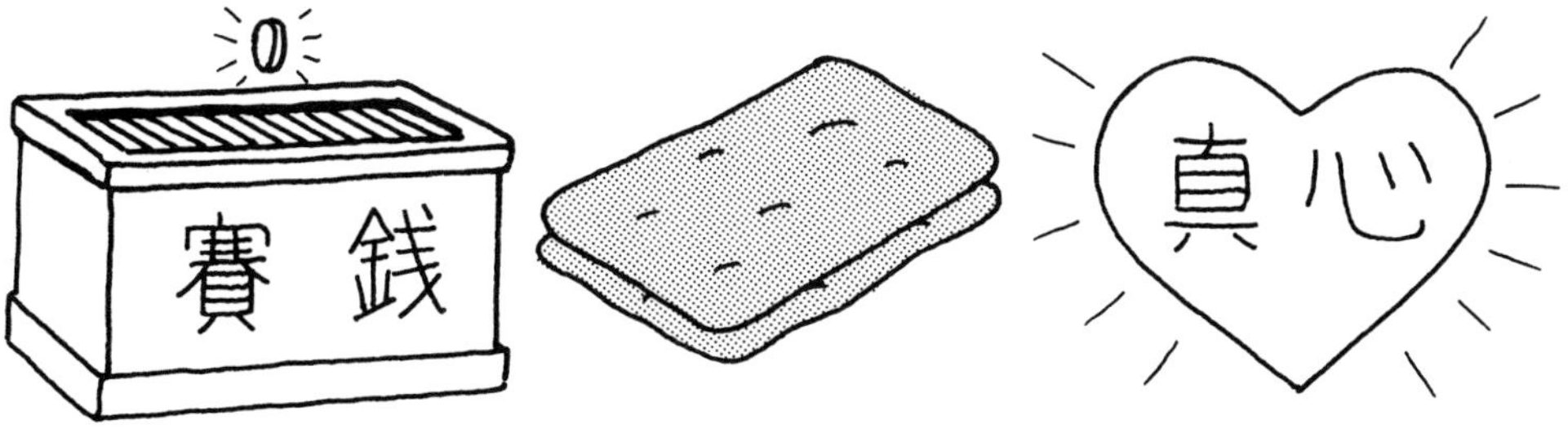

38 もぐりの守護霊は〝肉親の情〟だけで来る

守護霊にも認定守護霊ともぐりの守護霊がいる

　他力を動かすのは、金銭ではなく真、真心であると言った。この真心こそが、神様をはじめ、守護霊や胎蔵界《たいぞうかい》、金剛界《こんごうかい》のすべての仏様を動かすのである。したがって真心ある祈りは、正しい神霊界の正神たちや仏様に通じるのである。

　守護霊は、正神霊につながる窓口であると考えてもらえばよい。その守護霊にも、わかりやすくいえばライセンスを持った守護霊ともぐりの守護霊とがいる。認定守護霊というのはいわばA級ライセンスを持ったドライバーのようなもので、われわれを安全に効率よく確実に、しかも積極的に導いてくれる力がある。これは神様から認定された守護霊であり、自分が守護すべき人物の前世《ぜんせ》(過去)、今世《こんせ》、来世《らいせ》まで、すべて見通す能力があって、そうした過去・現在・未来の大極に立って守護し、リードする。つまり非常に高度なところから、その人の魂の育成錬磨をはかるのだ。

　したがって過保護なまでの守護はしない。守護霊が面倒を見すぎると、その人物はもろく、弱く、頼りない人物となり、才能も磨くことができないからである。困難な状況に追い込んで、その中から奮起して立ち上がる勇猛心と知恵とを磨くように、つかず離れず見守っている。

　あなたが勇気を持って進み出せば、A級ライセンスを持つドライバーがあなたというクルマを巧みに操縦し、人生のどんなカーブも、七曲がり峠も、その先々の状態をちゃんと見越して安全・確実に走ってくれるのだ。人生の曲がり角も安心して曲がってくれるわけである。

もぐりの守護霊には過去や未来を見通す能力がない

　これに対して、仮免中であったりライセンスのないドライバーは、危険な存在である。一応、見よう見まねで運転はできる。つまり人を守護することが一応できることはできるが、どのように守護するかが問題になるのだ。

　こうしたいわばもぐりの守護霊は、多くの場合、祖父や祖母、あるいは亡《な》くなって間もない父親や母親の霊だ。この類《たぐ》いの守護霊は自分自身がまだ十分に修業ができていないので、過去・現在・未来を見通す能力がない。そして、もぐりの守護霊たちに共通しているのは、ひたすら〝肉親の情〟で守ろうとする点だ。

「お父さんが死んだら、お前を霊界から守ってあげるからね」

とか、あるいは祖母が臨終間際に、

「霊界から私がしっかり守ってあげるからね、リエちゃん……」

などと言って、彼女の手を握ったまま息を引きとったりする。

じつはこのもぐりの守護霊、本当は守護霊というべきではない。霊界で自らが修業すべき立場にあるのに、なんとなく情にほだされて現実界の子孫に、たんに憑依《ひょうい》しただけにすぎないからだ。

それにくらべて認定守護霊は、けっして情に流されず、守護する角度、咀嚼《そしゃく》力、先見性、人間の魂の完成度と、いろいろな面を深く考えて人間を守護し指導する。大成した人を見るとわかるが、必ず何らかの大きな試練を何回か乗り越えてきた人たちばかりである。情に流されて、つい過保護にするような低いレベルの守護霊はけっしてついていないのである。

認定守護霊ともぐりの守護霊の違い

	認定守護霊	もぐりの守護霊
存在	・A級ライセンスを持つドライバーのようなもの	・仮免中、ライセンスのないドライバーのようなもの
能力	・守護すべき人物の前世《ぜんせ》、今世《こんせ》、来世《らいせ》まで見通す能力があり、大局に立って守護し、リードする ＝ 安全、効率よく確実、積極的	・多くの場合、祖父や祖母、父親や母親の霊で、過去・現在・未来を見通す能力はない ＝ 共通するのは〝肉親の情〟
守護の仕方	・情に流されず、いろいろな面を深く考えて人間を守護し指導する	・未熟なため、とても危険 ・本当は守護霊というべきではない

39

一霊四魂が他力運を呼びこんでいく

大きな目標、大志を持つ人間は強い霊的パワーを出している

大きな目標、大志をいだいてことを為《な》そうという人物は、自らの周辺に強いパワーを発散している。そのパワーは目には見えないが、一種の迫力となって周囲を圧倒する。本当は小柄な人物なのに壇上にあがって話をはじめたり、あるいは舞台で演技をはじめると、しだいに大きくなってくる。そんな人物も少なくない。

こうした人物を天眼通力《てんがんつうりき》――つまり物質界を超えた霊的世界を見ることのできる霊眼で見てみると、その人を守っている守護霊や守護神《しゅごしん》から発せられている霊的波動、あるいは霊的パワーはかなり強大である。ただそこにじっとしているだけで、強い存在感を感じさせるのだ。

たとえ、天眼通力が開けてなくとも、そういった人物の持つ大いなる雰囲気を誰もが感じとることができるはずである。肉眼ではとらえられない何かが、間違いなくわれわれ人間をとりまいているし、しかもそれらはともに影響し合っているのである。

「人もよし、われもよし」の努力が魂を発動させる

物質的存在ではない形のない世界から人間の成り立ちをみると、われわれは四つの霊的要素によって構成されているのがわかる。

幸魂《さきみたま》は愛情を表現し、情や心の部分を担当する。

荒魂《あらみたま》は勇気を司る。体でいえば筋肉や骨格を表すが、精神面ではあらゆる苦難にあっても耐え抜くという忍耐力、あるいは勇猛心となって発揮される。

何かを為そうとするときにはぜひ発動させねばならぬ魂である。親和力や調和をはかる働きをするのが和魂《にぎみたま》で、体では内臓の働きを担当している。

奇魂《くしみたま》は智の働きとともに、他の三つの魂の総括的立場にあって、霊感や直観の能力をもたらしてくれるのである。

この四つの魂がワンセットとなって、われわれ一人ひとりの霊を形作っている。したがってどの魂が強く働くかによってその霊、すなわちその人の個性がどうであるかが明確になってくる。

天眼が開けると神霊界の実相がわかり、現実社会の正しい生き方や未来予測

もできるとともに、正しい霊的波動をキャッチして爆発的な自力運と他力運とを自分のものにすることができる。

これまで、目標を定めて精進するとき、魂《みたま》が発動するという形で説明してきたが、じつはこの四つの魂《みたま》が一霊となってわれわれを動かし、他力運をも呼び込むのである。

しかし、いつも自分のことだけを考え他人のことを配慮せず霊的パワーを強めたところで、志《こころざし》は成就しないということを知っておいてほしい。

「人もよし、われもよし」という神霊界法則にのっとって祈り、努力するとき、魂は発動して守護霊を積極的に動かし、正しい高級神霊界からの応援を得て、奇跡とも思える他力運を呼び込むことができる。

「人もよし、われもよし」の原則に立った志が高ければ高いほど、それを成就させるために何十、何百という強力な守護霊や守護神が働いてくれるので、いやがうえにも他力運はひたすら向上する。

□□ 他力運を呼び込む〝一霊四魂〟 □□

荒魂《あらみたま》＝勇気を司る

忍耐力、勇猛心
となって発揮
される
体でいえば
筋肉、骨格

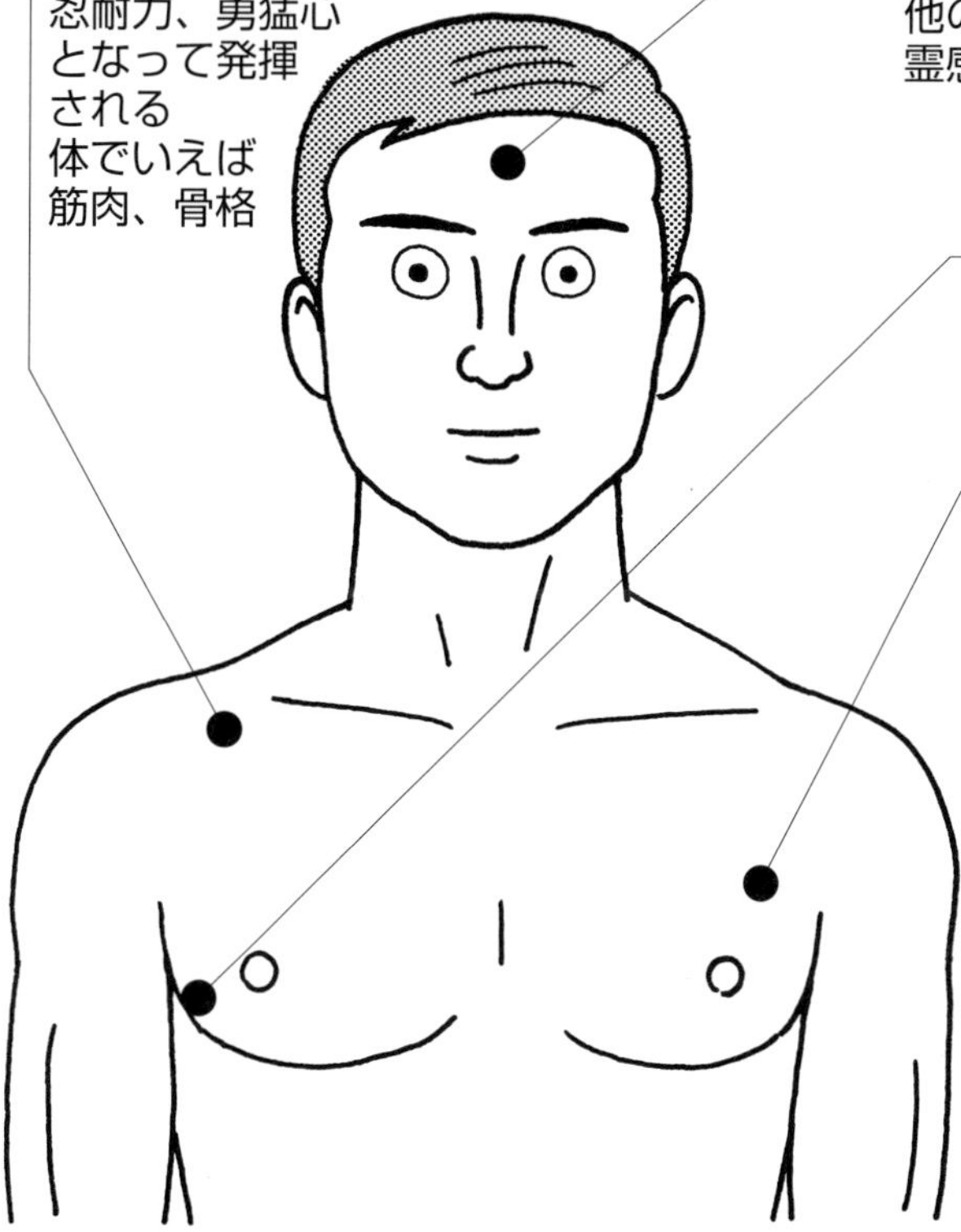

奇魂《くしみたま》＝智を司る

他の三つの魂の総括的立場
霊感や直観の能力をもたらす

幸魂《さきみたま》＝愛情を表現し、
情や心の部分を担当する

和魂《にぎみたま》＝親和力や調和をはかる働き
体では内臓の働きを担当

4つの魂がワンセットになって
一人ひとりの霊を形作っている

＝

一霊四魂《いちれいしこん》

「人もよし、われもよし」で祈り、努力する

↓

魂が発動する

↓

守護霊を動かす

↓

他力運を呼び込む！

40 どん底で発願《ほつがん》——これがチャンスを呼ぶ

覚悟を新たにし、発願したときから幸運の歯車が動き出す

ユング研究の第一人者として著名な故秋山さと子氏は、かつてジャズ歌手、デザイナー、映画の広告宣伝業などもやってきたというユニークな経験をお持ちの大学の先生であった。

氏自身の文章で表現すると、

「……恋愛や戦争や仕事、さまざまな運命に翻弄《ほんろう》されて、三十五歳になったときに、さて、これからどうして生きたものかと思いました」

秋山さと子氏は、ある大学に入学し、人生をもう一度生き直してみようと決心し、そのとおり実行したのである。

どうだろうか、あなたは三十五歳の中年になって、家庭も職業も一切捨てて、もう一度やり直そうと決心し実践することができるだろうか。

秋山さと子先生の場合、三十五歳のそれまでの人生は幸運と不運とのくり返しで、自分では何をやっていたのかさっぱりわからなかったと告白している。そして前述したように、大学生となって人生をやり直しはじめた。そう決意して大学生活をはじめると、不思議と心に落ちつきをとりもどした。

大学在学中にスイス人のジャーナリストと知り合う機会があり、そのつき合いがきっかけでヨーロッパで学生生活をするチャンスに恵まれ、三十九歳でスイスに留学、チユーリッヒのユング研究所でユングの精神分析学を学んだ。帰国するころにはユングが日本でも幅広く紹介され、たちまち引っ張りだこの研究家となったのである。

失意のどん底のときこそ、大いなる転機と思うべし

生前、秋山さと子先生とは、私の主宰《しゅさい》する雑誌のために対談させていただき、〝愛〟や〝結婚〟についてそれぞれの立場から意見を交換したものである。

氏の大いなる活躍は、三十五歳のときに「よし、もう一度生き直してみよう」と覚悟を新たにし、「大学で勉強し直そう」と発願《ほつがん》したことにある。その瞬間から、新しい幸運のチャンスの歯車がゆっくりと、しかし大きく回転しだしたのだ。

失意のとき、どんな発願をするかが、それ以降の人生を決める。小さな発願をす

れば小さいなりに、大きく発願すれば大きいなりに、運命の歯車は確実によい方向へ回転しだす。それが転機である。

　したがって、絶望したり失意のどん底のときこそ、大いなる転機だと考えるべきなのである。そういうときに限って周囲の人は、親切心を発揮したり、したり顔でアドバイスをしてくれる。その一言一言に感動したり、あるいは胸にささる思いをするだろう。が、他人の助言めいた批判に、けっして反論してはならない。自分が今どん底の状態だなと思ったら、批判されようと、助言されようと、一切弁解しないで黙って聞くことである。

　本心が望むもの、魂が欲求していることだけに耳を傾け、それを実現しようと発願することである。発願するとき、あなたの自力運が頭をもたげだし、他力運が自力運に合体して幸運の大波を引き寄せてくれるのだ。このときあなたは世の一流の人物たちと同じように転機を得たことになり、正しく人生の方向転換を行えば、人も驚くほどのチャンスに恵まれるはずである。

どん底のときこそ大いなる転機

人生に失敗や挫折はつきものである

↓ こういうとき

「もう一度がんばってみよう!!」と
発願し覚悟を新たにする

↓

運命の歯車はよい方向へ
回転しはじめる

絶望のとき失意のどん底のときこそ
＝
大いなる転機と思うべし!!

ポイント!
うろたえたり、
あせってはならない

↓

自分の本心が望むもの、魂が欲求していることだけに耳を傾け、**発願**《ほつがん》する

↓

自力運と他力運が合体して幸運を引き寄せる

41 他力運倍増にもそれぞれ祈り方がある

神仏には遠慮なく積極的に ドンドン発願し祈るのがよい

他力運を動かすには、それなりのコツがある。

他力運というのは、守護霊様をはじめ守護神様、諸々の仏様や神様のわれわれを応援してくださる働きのことをいう。したがって発願《ほつがん》し神仏にその実現を祈ることは、遠慮することなく積極的にどんどんやるといい。

神仏への祈願の仕方のコツは、大きな願いはそれを実現できる大きな働きを持つ神様に、小さな日常的な希望ならばそれ担当の神様や仏様に、焦点をしぼって祈るということである。つまり、発願の大小・種類によって神仏の担当がそれぞれ違うことを知っておくことが大切だ。

もうひとつは、発願の内容・大小によって実現する期間が違ってくるということだ。大きな働きをする神様であればあるほど、その効果が現れてくるのに時間がかかり、小さな働きの神様ならば小さな願いにふさわしくすぐに実現する。このように、願いの大小、時間の早さ遅さ、願いの種類によって神様の働きを見きわめ、使い分けをしなければいけない。

しかし、われわれが祈る他力の中心とは、この宇宙天地の創造の⊙神《すしん》であることを念願におくことだ。その⊙神《すしん》は、日本では天照大御神《あまてらすおおみかみ》様であるが、この大御神様にフォーカスを合わせる一方、そのもとで直接窓口となっている産土《うぶすな》様や荒《こう》神《じん》様や守護霊様に祈ると一層効果が高い。

大きな目的は抽象的に、小さな目標は具体的に祈る

祈願するときのもうひとつのポイントは、大きな目的は抽象的に、小さな要望は具体的に祈るということだ。

たとえば、

「天照大御神《あまてらすおおみかみ》様、妻に内緒で麻雀《マージャン》をやり過ぎて来月は小遣いが足りません。三万円ほどよろしくお願いいたします」

と祈るのは、電気掃除機が故障したとき、それを買った近所の電気屋さんにではなく、メーカーの社長にクレームをつけて故障を直してくれというようなものである。

祈るならば、こうありたい。

「天照大御神様、なにとぞ会社において

も日本人としても、会社に役立ち、人々に役立つ私としてご守護お導きくださいますよう、よろしくお願いいたします。ドイツ語を勉強中ですが、早くマスターして日本とドイツのために働ける人物として、お導きくださいますよう……（略）」

と抽象的に大きくお祈りし、

「守護霊様、ホントにすみません。女房に内緒であれほど禁じられていた麻雀に手を出し、小遣いすべて巻きあげられました。今後はそのようなことをいたしませんので、今月の十日までに三万円の小遣いが手に入りますようよろしくお願いいたします。ドイツ語の勉強にも精いっぱい集中して頑張ります」

と、いついつまで何をどれくらいというように具体的に祈るのがコツである。

いずれにしても、心が誠の道と神明の加護に価するものであれば、神様はお祈りしなくても助けてくれるし、大いなる他力運を授けてくれる。他力運を百倍効率よく動かすには、これまで述べてきたコツに、それを支える誠が絶対に必要な条件であることをくり返し述べておく。

他力運を動かす〝発願〟のコツ

神仏への祈願のコツ

◆発願《ほつがん》の大小・種類によって、祈る神様が違うことを知る
――神仏の担当や実現する期間が違ってくる

ex). 天照大御神様：大きな局面で大きく動き、効果が出るのは早くて6カ月、一般的には1年以上

伊勢神宮：政治家、会社の経営者や幹部など、多くの人々にプラスになる活動の祈願に反応

◆大きな目標は抽象的に、小さな目標は具体的に祈る

★最も大切なもの
誠の道にかなっていること
パン
パン

42 ますます運を悪くする霊能者もいる

悪い霊との交流によって マイナス要素が前面に出る

霊的な能力を持っている人と接するときには、少々気をつける必要がある。へたをすると自分のせっかくの運を悪くする可能性があるからだ。とくに、霊能力を使って商売をしている場合、たとえそれが宗教家であっても同じである。なぜなら、霊視ができると当然悪い霊も見える。この悪い霊の姿はけっして美的なものではない。不快であるだけに気持ちはしだいに殺気立つ。しかも悪いことにこうしたマイナスの霊の波動は粗雑であり、その粗い分だけ余計にはっきり見えたり、感じられたりする。

その結果、霊能者はつねにマイナスの波動を持つグロテスクで邪な存在と交流をしていることになる。たえず醜悪なものと対面しているから、どうしても霊能者の注意はそちらに向けられる。そしてマイナスの波動をつねに浴びているうちに、醜悪な面ばかりを引き出し拡大してしまうクセがついてしまう。

いやなものを強く意識したりすると、それらのマイナス要素はますますはっきりと前面に出てくる。そしてついにはそれまで平穏無事に近かった日々が、しだいに暗く、マイナスの運気の方向に向かってころげ落ちてしまうのだ。

マイナス霊から 救ってくれるのは守護霊

新婚七、八カ月の新妻が相談にみえた。

「夫の友人の紹介で、ある霊能者に軽い気持ちで会ったんです。そしたら、奥さんには家代々のキツネが憑いています。ご主人には古いタヌキが憑いていますね。このままじゃよくないですな、いずれは……なんて言うんです。それ以来、夫婦仲が悪いほうへ悪いほうへと転回して、もうどうしようもない状態で……」

その霊能者は、妻と夫を交互に呼んで相談料をもらって、いろいろアドバイスをし、霊的な処置をしたという。一時はよくなるかにみえたが、その後の夫婦関係はいよいよ深刻になるばかり。温和だった夫が、「どうせ俺《おれ》は古ダヌキだあ」と、暴力すら振るうようになった。

これなども、霊能者にふりまわされた典型的な例である。なまじ霊能力があり、霊視によってマイナス面のみをとらえて、それに注意を向けさせられたばかりに、マイナス面をより拡大し不幸に陥らせてしまった。

　プラスの明るい面ばかり見る努力をしていると、霊界が変化していく。そうするとお互いにプラスの面ばかりを強調し合うようになり、当然運気も急上昇する。

　しかし、霊能力によって霊界のマイナス面しか見ることのできない人は、たとえそれがどんな教団の教組であろうとも、いかなる団体に属していようと、真に人を幸福に導いていくことはできない。

　相談にみえた新妻に話を戻そう。私は、改めてその女性とご主人に来ていただき、おふたりの守護霊様にお出ましになってもらった。それぞれの守護霊様のお顔を描き、守護霊様からのメッセージを書き添えた。さらに、ふたりの前世は戦国時代を仲よく生きた姉弟《きょうだい》であったこともお教えした。夫妻は涙ぐみ喜んだ。

　今、夫婦は仲がよく幸せいっぱいで、「ワールドメイト」の会員にもなり、年数回の私の講義等に欠かさず顔を見せる。

霊能者はマイナス面を引き出し、拡大する傾向にある

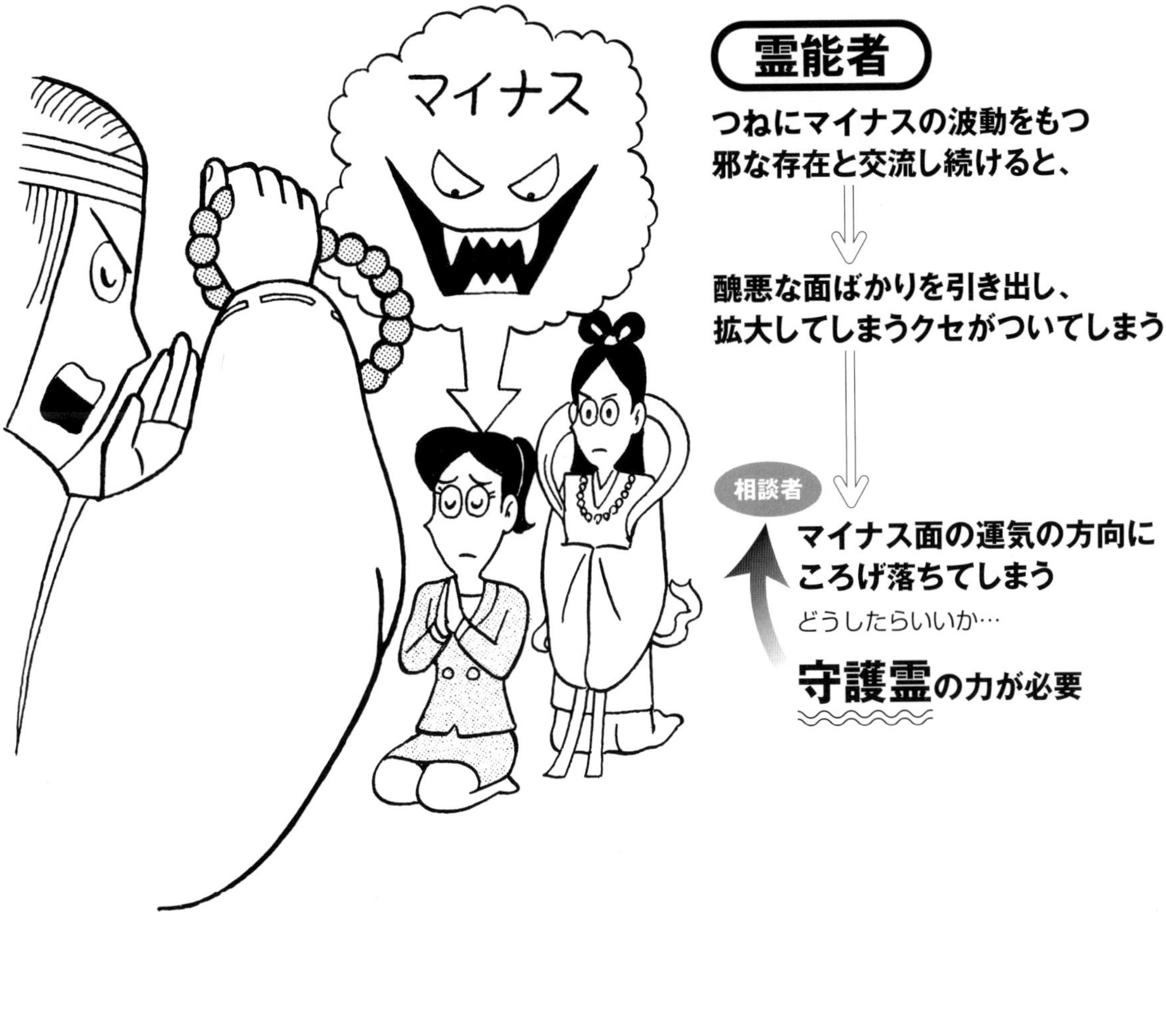
マイナス
霊能者
つねにマイナスの波動をもつ
邪な存在と交流し続けると、
醜悪な面ばかりを引き出し、
拡大してしまうクセがついてしまう
相談者
マイナス面の運気の方向に
ころげ落ちてしまう
どうしたらいいか…
守護霊の力が必要

43 人生は列車の走行によく似ている

列車の加速度が人生の運気、運の勢い

人の一生の運・不運は、列車の走行と同じように見える。

列車が駅から出発するとき、車輪はゆっくりと回転しはじめる。このときレールにちょっとした石ころがあっても、かなりの抵抗を受け、場合によっては列車は止まってしまう。だが、出発してしばらくたち、スピードが出ているときに、同じような石ころがレール上にあったところで、わけなくはじき飛ばすか、粉々に砕いて何ごともなかったかのように走り続けるだろう。

人生も同様で、将来の目標が決まり、加速度もついて全力で走りだしてしまえば、世の中に少々問題があったり、ちょっとした障害があっても、それらをものともせずに快適にただ驀進《ばくしん》するだけだ。スピードをあげて走っているときこそ、まさに盛運そのものである。

しかし、駅に着けば列車は停まらなければならない。これが不運期である。たとえば厄年《やくどし》、天中殺、大殺界がそれで、人生の転換期にあたる節目というものだ。厄年を駅とすれば、前厄《まえやく》も後厄《あとやく》も完全停止の状態ではないが、スピードが落ちて徐行運転をしている状態である。こういうときには車輪とレールの摩擦係数が大きいために、ちょっとした障害にも影響を受け、停車してしまうかもしれない。

したがって不運期には小さなミスも用心深く目を光らせることが大切である。

盛運期は陽のとき、不運期は陰のとき

ここで断っておかなければならないことがある。厄年や天中殺、大殺界などと書いたが、こういった占いの類《たぐ》いでいう不運の時期は誰にでもあてはまるというわけではない。もともと、不運期とか盛運期というのは、人間の目からみた尺度にすぎない。人間という立場をはなれれば、また意味が違ってくるのである。

では、人間の立場をはなれるとはどんなことだろうか。宇宙の立場である。わざわざ宇宙ということばを持ち出したのは、神界・霊界を含むわれわれの一切の世界を宇宙が象徴するからであり、角度を変えれば、神霊界から見た尺度と言い

換えてもよい。そのような尺度で万象をながめるとき、あらゆる事柄が陰《いん》と陽《よう》に集約されていることがわかる。

陽を人の生活レベルでとらえると、家の外、社会生活での活躍の舞台や活動ということができる。陰とは、それとは逆に家の内の世界、あるいは人間の内面的な精神世界であり、自分を見つめ錬磨し、才能やエネルギーを充実させることだ。

したがって、神霊的な立場でいえば盛運期は陽のときであり、自分を家の外においてそれまで貯えた知識や技術、磨いた人徳をもって精いっぱいに表現することのできる時期なのだ。こうした陽のときにも落とし穴がある。調子に乗り過ぎて慢心《まんしん》し、態度が大きくなって天狗《てんぐ》になりやすく、その結果、ともすれば人やものごとを侮《あなど》りがちになり、へたをすると顰蹙《ひんしゅく》をかい、信用も失いかねない。

もう一方の不運期とは、陰のときである。陰の場合に人が行うべきことは何か、神様がわれわれに何を望まれるのかを知ることだ。神様が求めているのは「内面を充実させよ」ということである。

盛運期、不運期のときにはそれぞれ何をすればいいか

宇宙の立場からみると…

あらゆる事柄が陰と陽に
集約されている

不運期

陰《いん》：人間の内面的な精神世界、
自分の才能やエネルギー
を充実させるとき

↓

内面を充実させるべき時期

盛運期

陽《よう》：社会生活での活躍の
舞台や活動

↓

目標成就の時期
精いっぱい表現するとき

※自分を見つめ直し
内面を充実させるべし！

要注意！

調子に乗り過ぎて慢心《まんしん》→**強運が不運に**

44 恋人や家族との運がよくなるつきあい方

親しければ親しいほど気を遣わなければならない

　失恋したり、離婚したり、あるいはそうならないまでも、親しい間柄や肉親との間でつねにトラブルがあるということは、幸運に恵まれている状態とはいえない。社会的に活躍するためにも、その基盤となるべき近しい人たちとの運のいいつきあい方をするべきである。

　恋人や妻や夫との人間関係がおかしくなったから霊能者にみてもらおう、占い師に占ってもらおう、あるいは宗教へすがろうとする前に、まずあなたの自力運と他力運で解決してみたらどうだろうか。

　家族や恋人など親しい人とのいい人間関係を作るコツは、まず第一に「自分に近しい人に一番気を遣《つか》え」ということである。もっとも遠く離れた人には「堂々と、そしてもっとも親しみを込めてつきあう」ということがポイントとなる。

　夫や、妻や、恋人に対しては、その関係が長ければ長いほど、どうしても狎《な》れが生じる。その結果、ついつい自分の立場からだけの厳しい要求をしがちになるし、ことば遣いにも思いやりが欠け、荒々しさが出てしまう。したがって、親しければ親しいほど、その人物に気を遣わなければならない。相手の存在を考えた上でエチケットを守るべきなのだ。

　たとえば、帰宅して妻にこう言う。

「ほう、ちょっと化粧を変えると、また別の魅力が出るんだね、キミは。今まで気がつかなかったが」

　これでプッとふくれる妻であれば、これはもう相当の悪妻だから、もう人間と思わず、また妻と思うことを一切あきらめて、達観《たっかん》することだ。

相手を変えようとするのでなく、変えるべきは自分

　長所や美点を角度を変えてとりあげることは、けっして天の道にはずれない。むしろ、相手の魂に喜びを与えることは惟神《かんながら》の道にそい、幸運を呼び込む善徳をすら積んでいることになるのだ。たとえばしょげかえって帰宅した夫を、

「あなたの髪の薄いのを誰が笑ったんですって。放っといてちょうだいよね！　私はあなたのその円満なところが気に入ってるんですからね。失礼ね！」

と嘘でもいいからハゲまして、勇気づけてあげる妻を神様はニコニコして見守り、何かあれば援助の手を差しのべてくださる。

欠点や短所を追及し、相手の性格や外見を無理矢理変えようとすれば、対立・抗争しかなく、ともに傷つき疲れきって運気も弱くなる。しかもケンカし傷つけ合って、損するのは結局自分自身なのである。夫婦であれ、恋人であれ、相手を変えようと思ってはならない。変えるべきは自分である。己の態度・ことばを変えさえすればそれに応じてしだいに相手も変化してくる。

その上で、本人にわからぬよう相手の守護霊様にこう祈るのである。

「妻に対して私のこういうところがまずかったと反省し、改めます。どうぞ、妻の守護霊様、妻のイライラ、ヒステリーがおさまり、円満な家庭が築けますよう、ご守護のほど、よろしくお願いします」

こういったことを、自分の状況に合わせて口に出し、誠意を込めて祈ると、しだいに夫婦の関係もよくなってくる。

親しい人たちといい人間関係を作るコツ

恋人や妻、夫との人間関係がおかしくなったら…

↓

まず自分の自力運と他力運での解決を試みる

親しい人とのいい人間関係を作るコツ

❶「自分に近しい人に一番気を遣《つか》え」

❷ 遠く離れた人には「堂々と、そしてもっとも親しみを込めてつきあう」

相手の性格や外見を無理矢理変えようとすれば…

↓

対立・抗争
ケンカし傷つけあう

↓

変えるべきは自分

45

上司ともよくなるつきあい方

理不尽に叱られたとき、口に出して言うのは避ける

職場での人間関係がうまくいくだけで、「ツイてる」と思うだろうし、うまくいかなければ、なぜこうなるのかと、ただ不運のみを嘆いてしまう。

単純にいえば、職場での人間関係がまずいからである。そして、それがうまくいかないのは、真心と愛が足りないか、その表現がへたであるためだ。そしてまた、人間関係がうまくいかない人は、自分の心のなかに、どこか偏《かたよ》りと歪《ゆが》みとを持っているからである。相手に好意を持てば相手からも好意を持たれるし、憎めば憎み返される。

いかなる場合でも、至誠《しせい》と愛の念を貫くとき、そこに大きな他力が動くものである。自力とともに他力が働かないとすれば、それは至誠ではなく愛でもない、別の要素が心を占めているからであろう。職場における人間関係も原則は同じだ。だが、そこには会得しておくべきちょっとしたコツがある。

まず、「叱《しか》られたときにどうするか」である。理不尽《りふじん》に叱られるということは、組織では珍しいことではない。そんなとき、反撃を口に出して言うことは絶対にさけることだ。「こんちくしょう」という腹立ちの念が吹き出すのを水際で止める努力をする一方で、別の角度から上司の立場を並行して想《おも》うようにする。すると、当初の憎悪《ぞうお》の念は姿を消し、やがてわずかずつながら愛の念が心に広がっていく。

そうなるとしめたものである。それまでは憎悪の念が吹き出て近寄れなかった守護霊が、愛念とともに前面に出てきて働きだすからである。自分の心を愛念で満たす訓練をしていると、怒りとか憎悪がわいてもすぐ消えていき、オーラも暗い色から、オレンジ色、ピンク色に変わって輝きを増していく。そこで守護霊が感応しやすくなって本人のために全力を尽くすようになる。

意地の悪い上司には自分から愛の念を送る

さて次に、無愛想で意地の悪い上司にはどう対応するかである。基本は同じであるが、あなたのほうがもっと積極的に相手に愛の念を送るのである。

やりにくい上司には、まず、明るい笑顔で誰よりも先に挨拶《あいさつ》する。次に、その上司の美点・長所を探しまわって、会話の冒頭で必ずそれを先に言う。

「となりの課の女性が課長の声がとてもセクシーだって、うっとりしてました」

「くだらんこというな、仕事しろ仕事！」

仕様のない奴《やつ》だな……などと思いつつも、課長は窓際に立ってひとりニンマリしているものだ。

形容詞や枕詞《まくらことば》をよく研究して、相手の長所・美点に即応する使い方に慣れておくと、そのことばに乗って情感も出るようになり、愛の念が本物になって流れ出すのだ。それはちょうど神社に行き参拝するときの祝詞《のりと》と同じである。祝詞とは、意を乗せる、情感を乗せてご神霊と一体化するためにあるものなのだ。

枕詞とか序詞というのは、たとえば「ひかり」とぶっきらぼうに表現するのをさけて、「久方のひかりのどけき」などと情感・美しさを表現するためにあるものであって、これは人間関係にも活用できる日本人の知恵なのである。

□□ 職場における人間関係の原則 □□

「上司に叱られたときにどうするか」

- **口に出してモノを言うことをさける**
- **腹立ちの念が吹き出すのを止める努力をする**
- **別の角度からの上司の立場を想う**

↓ 守護霊が働く

憎悪《ぞうお》の念は姿を消し、愛の念が広がっていく

「無愛想で意地の悪い上司にどう対応するか」

- **もっと積極的に自分から愛の念を送る**

（**明るい笑顔で挨拶《あいさつ》**
上司の美点・長所を会話の冒頭に言う）

↓

上司と運のいいつき合い方ができる

46 家の因縁《カルマ》は結婚によって出てくる

非のうちどころのない女性が結婚で大変貌することも

建築専門誌の記者が前世《ぜんせ》鑑定に来たときに聞いた話である。

彼が三十歳近くになって、そろそろ結婚と思ったときに、取引先の常務がすばらしい話を持ってきてくれた。

相手の女性は二十三歳、某一流銀行の受付嬢で、全国美人コンテストで上位入賞した人。チャーミングで、声よし、スタイルよし、しかもマナーがよく清楚《せいそ》で、気配りも満点で、非のうちどころがない。

人生バラ色の時間が流れ、いよいよ一週間後に結婚式というころから、ちょっとヘンな感じを彼女に持つようになった。奇妙な違和感があったと彼はあとになって言う。

ついに結婚式前夜、彼は彼女におかしな約束を三つさせられた。

「当分、夜は床をともにしない」「朝食は作らない。掃除・洗濯・食事など、すべて自分のことは自分でする」「お互いに自由で、干渉しないこと」

結婚して、いよいよ新生活がはじまった。新妻はたしかに約束どおりの三つを守っている。やがて彼が帰宅すると妻は悪口雑言《あっこうぞうごん》を浴びせかけるようになった。帰宅するのが苦痛になり、意を決して仲介の労をとった常務に実情を打ちあけた。

驚いた常務がさっそく彼女を呼んで確かめると、彼女は「ええ、そのとおりです」とはっきり認める。常務は彼に謝った。「これじゃ君が可哀相《かわいそう》すぎる。こんな結婚をすすめ、すまなかった」と。

相手の表面だけでなく家代々の因縁をよく見ること

彼と離婚した彼女は銀行で相変わらず受付嬢をやり、美人でチャーミング、上品なマナーのいい娘さんと見られている。

彼は〝いい娘さんを射とめたね〟と周りから羨《うらや》ましがられていた婚約当時や、それと正反対な結婚生活とが、まるで悪夢のような気がすると私に語った。

しかし、私には理由がわかった。これは家代々の持つ深い因縁が結婚、入籍をきっかけに表面に出てきた典型である。

仕事運やその他の運気がよくても、結婚生活によって活動の基礎となる家庭運が最悪であれば、その不運なほうへすべてが足を引っ張られてしまう。したがってこれから結婚する人は、相手の表面だけでなく、家代々の因縁をよく見る必要がある。結婚相手としてふさわしい場合とはどんなときか、簡単に挙げておこう。

◎相手の家系が乱れていない。

◎当人が正当な理由なく職業を幾つも替えていない。

◎十年以上続けている趣味、特技、職業がある。あるいはその可能性がある。

◎明るい雰囲気。

では、すでに結婚してしまっている人で、家庭運がどうもうまくいっていないという人はどうするか。

◎不運は因縁解消であることを理解する。

◎徳分を積むことに励む。

◎正しい救霊《きゅうれい》（除霊《じょれい》）を受ける。

◎正しい先祖供養をする。

以上四つを並行して実践することであろう。

結婚相手にふさわしいかどうか見分けるポイント

家代々の持つ因縁が結婚や入籍をきっかけに表面に出る

《結婚前の人》

よく調べる必要あり

・相手の家系が乱れていないか

・当人が正当な理由もなく職業をいくつも替えていないか

・10年以上続けている趣味、特技、職業がある（あるいはその可能性がある）か。

・明るい雰囲気か

《結婚している人》

（家庭運がうまくいっていない）

・不運は因縁解消であることを理解する

・徳分を積むことに励む

・正しい救霊《きゅうれい》（除霊《じょれい》）を受ける

・正しい先祖供養をする

↓

並行して実践

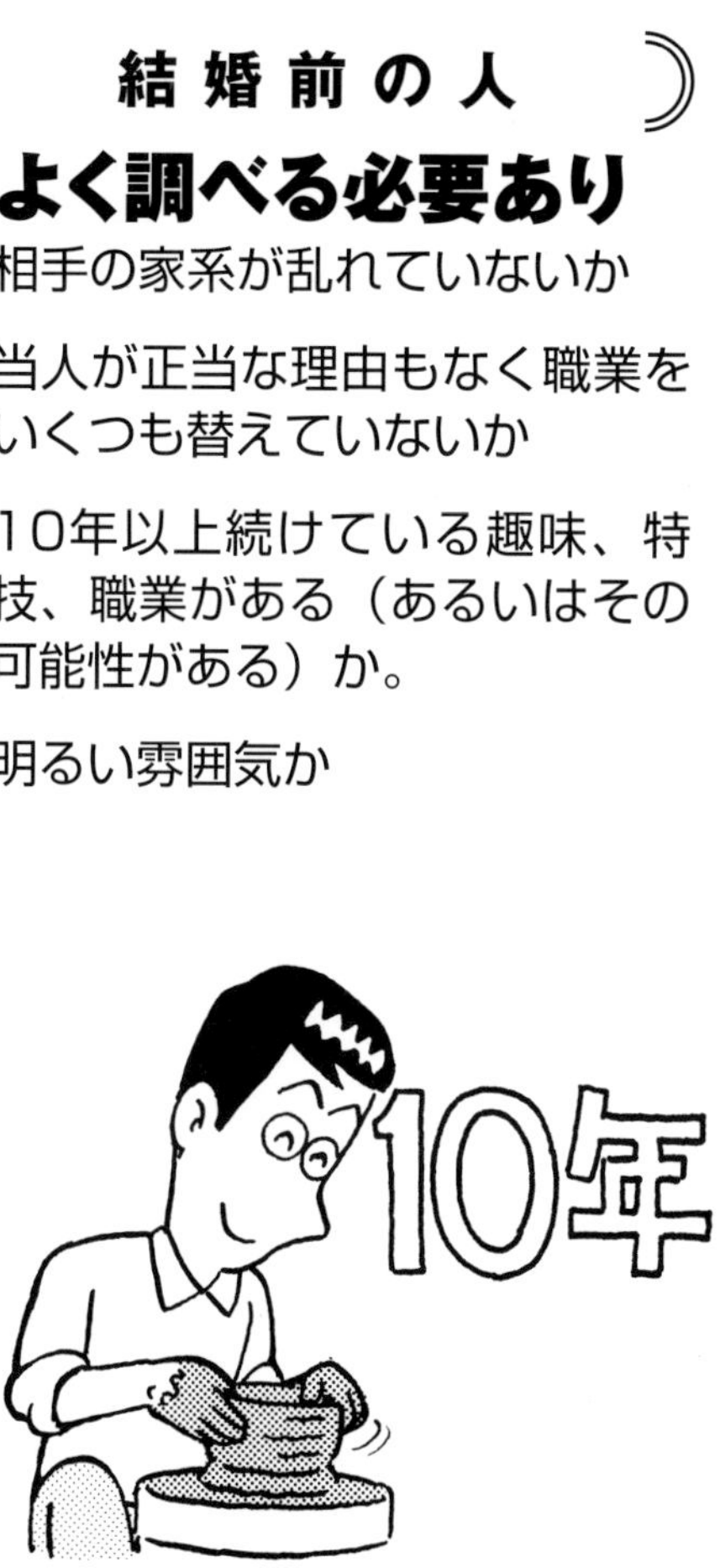

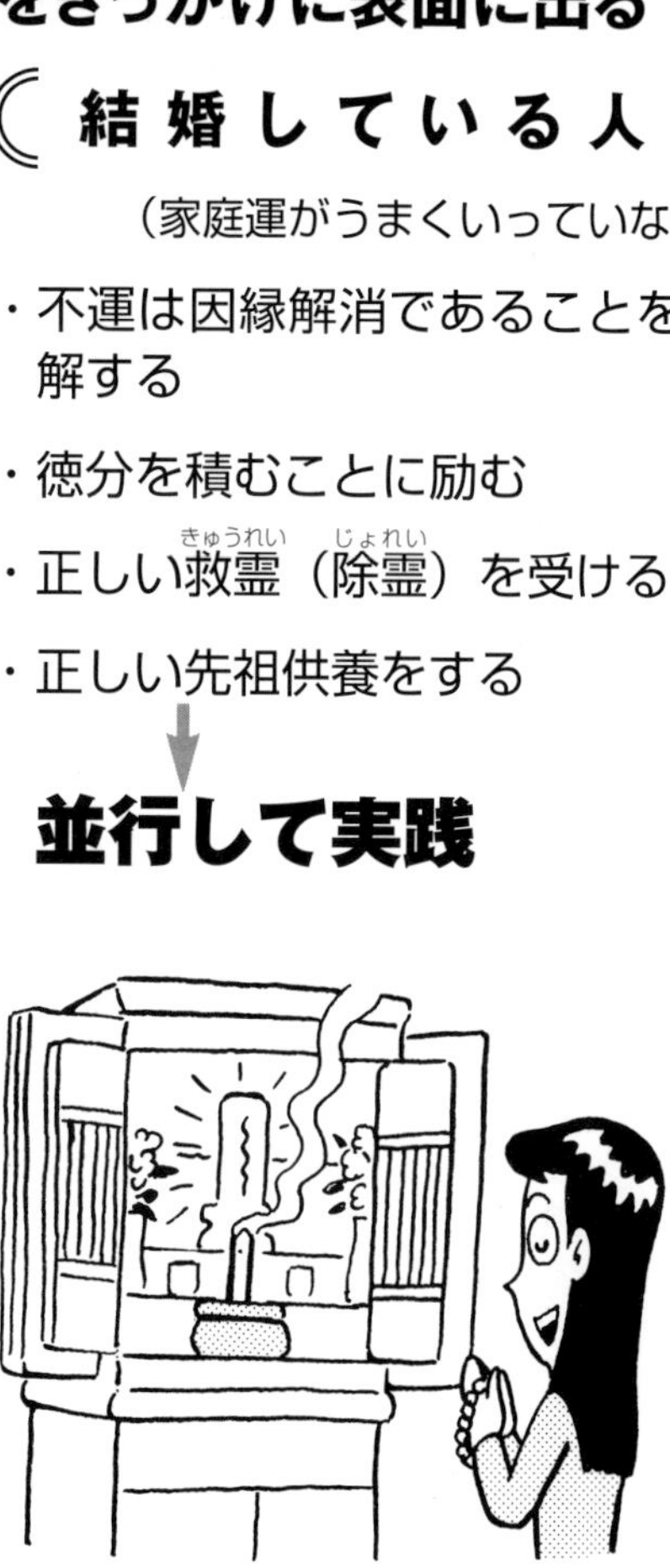

47 運・不運はこのようにしておきる

運・不運は大きく三つの要素から成り立っている

生まれながらにして、ある人は運がよく、ある人は不運であることは事実、たしかにある。

ひと口に運・不運というが、それは大きく三つの要素から成り立っている。

◎本人の境地と（後天的）精進・努力
◎本人の前世《ぜんせ》におけるカルマ
◎家代々の因縁

世の霊能者や超能力者の多くは、ツキを呼ぶとか、運をよくしようといったテクニックを駆使し、本人の精進・努力のみをあつかう。でなければ、本人の前世も家系の因縁も一緒くたにしてカルマで考えようとする。

だが、神霊界の実相をよく見て、守護霊を鑑定して、何百年、場合によっては何千年も何万年も時代をさかのぼったり、逆に未来を見たりし、また、救霊《きゅうれい》（除霊）によってさまざまな霊たちと接触してきた私からいえば、ひとりの人のカルマ（業）は、さきにあげた三つの要素によって動いていくということなのである。

いわば、それが命を運ぶこと、すなわち運命ということになるのだ。「なぜ、あなたがいま幸運なのか」「なぜ不運に泣いているのか」といえば、ひとつは、あなたが前世で何を為《な》したか、どんな原因を作ったか、何の種子《たね》を播《ま》いたかによる。

人を苦しめ、いたぶり、物品のみに価値を置いて生きた前世であったのか、また次から次と女人を漁《あさ》り、酒池肉林《しゅちにくりん》のなかであけくれていなかったか、あるいは逆に人々を救い、困窮《こんきゅう》にあえぐ人に手をさしのべたか……などなど、前世の生き方によって決められた今生《こんじょう》のあなたのカルマと、あなたが縁あって生まれてきた父母の家代々のカルマとがからみ合って人の運は変わる。つまり、個人と家の因縁が組み合わさるわけだ。

したがって、本当に運命を改善しようとすれば、それらをよく知って、自分の前世のカルマと、家代々受け継がれてきたカルマという借金の合計額をつかんで、その返済に励むことが必要である。

運命は改善されることを待っている

人間は輪廻転生《りんねてんしょう》をくりかえし、あると

きは善徳が花開く麗しい人生を送ったり、あるときは過去世の苦渋に満ちた悪因のために、ひたすら忍従の一生であったり、それぞれのサイクルの中で試練を受け、あがないをしつつ御魂《みたま》を向上させていく。

「積善の家には必ず余慶《よけい》あり、積不善の家には必ず余殃《よおう》あり」

というように、個人の魂の成長は、家という因縁の織りなすカルマとさけがたく共にあるのだ。

では、そうした運命は変えられないのか。いや、変えられるから、命を運ぶことを運命というのだ。われわれは、運命を改善しようというのである。なぜなら運命は改善されることを待っているのである。われわれの御魂は向上することを期待し、そのチャンスを待っている。なぜなら、それが宇宙創造の⊙神《すしん》の御心だからだ。

したがって私はあえてふたたび言う。

「人間は誰でも強運であり、幸福になる義務がある」と。

運・不運を成り立たせている3要素

◎本人の境地と（後天的）精進・努力
◎本人の前世におけるカルマ
◎家代々の因縁

→ **運・不運**

48 因縁《カルマ》を解消するにはこの二つの方法がある

不運であること自体が受身の形のカルマの解消

運命は改善できるというからには、カルマ・因縁を解消することができなければならない。

それには二つの方法がある。

●消極的因縁解消法

●積極的因縁解消法

善因善果《ぜんいんぜんか》・悪因悪果《あくいんあっか》は、くり返すのがこの宇宙の絶対の法則である。

泣いても笑っても、播《ま》いた種子《たね》はいつか自分が刈りとらねばならない。それが神様がお決めになった法則なのである。したがって、この世のどんな不運も、それはかつてあなたが作った原因によるものだと腹をくくることだ。逃げるわけにはいかないのである。

では、消極的因縁解消法とは何か。

不運になることである。むろん、自ら不運になることではなく、もし、今あなたが不運ならば、そのこと自体がすでにカルマの解消を行っているということなのだ。

不運であるそのこと自体が、消極的、すなわち受身の形でカルマを解消しているのである。借金を自分から返済しているのではなく、かつて借金をしたことを忘れていて、借金取りに訪ねて来られていやいや返済しているようなものなのである。

不運に見舞われても否定的にならず感謝を

どれくらいの借金か、どれくらい深い因縁かは、不運の度合いによってはかれる。それを重い順に列挙してみよう。

①死
②貧窮《ひんきゅう》　貧乏のどん底
③病気　事故
④不運な人間関係
⑤適性のない仕事

二番目の貧乏と三番目の病気は、その度合いによって順位が入れ換わる場合がある。

不運な人間関係とは、職場であれ家庭であれ、信頼されないとか、悪評に泣くとか、あるいはいつも同僚と対立し孤独であるとか、家庭でつねにいざこざがあり、夫婦ゲンカ、親子ゲンカが絶えないといったことだ。

この中でもっとも軽いのは、好きでもない仕事に就き、仕方なく生活のために働くという場合である。

こういう不運に見舞われたとき、もし自暴自棄《じぼうじき》になったり、己の不運を呪《のろ》い、周囲を憎んだとすれば最悪である。せっかくその不運によって過去のカルマが清算されるという絶好のチャンスに否定的になってしまっては、まったくの逆効果であるからだ。

ひとつの不運がきたら、「あ、昔の借金の返済ができた。何もしないのに有難いことだ」と、感謝するくらいでなければならない。そのためには、カルマ＝業の仕組みをよく自分に納得させておくことだ。

そして、

「災難に遇う時期には災難に遇うがよく
候　死ぬる時期には死ぬるがよく候」

という良寛和尚《りょうかんおしょう》のことばを、もう一度よくかみしめたい。

消極的因縁解消法とは？

カルマ・因縁解消

2つの方法

◎消極的因縁解消法 → **不運であることを甘んじて受ける**

＝

それ自体が
カルマを解消していることになる

◎積極的因縁解消法

《不運の度合い》

❶死

❷貧窮《ひんきゅう》　貧乏のどん底

❸病気、事故

❹不運な人間関係

❺適性のない仕事

★前世の借金が返済できたと感謝するくらいでなければいけない

49 カルマ解消には業を上回る徳を積め

徳分は体施、物施、法施の三つの方法で積む

では、積極的因縁解消法とは何か。

それは、業《カルマ》と同じくらいの徳を積極的に積むことである。

不運とは、自分が苦しんで業をあがなうという消極的なものであったが、もう一方で、徳分を次から次に積むことでカルマを速いスピードで解消し、場合によっては、福徳というおつりをいただけるようになる。そうなるとしめたもので、運命の歯車は幸運《プラス》のほうへ大きく回転しだして、いよいよ加速度がつき、爆発的な、しかも本物の強運となる。

徳分は三つの方法で積む。

◎体施《たいせ》
◎物施《ぶつせ》
◎法施《ほっせ》

体施とは、体を使って労働奉仕をすることである。たとえば上野公園の出入口や駅前の広場を、せっせと掃除してきれいにするとか、新宿の公衆便所を毎日毎日、きれいに磨きあげるといったことを、一年間とか二年間とかの期間中、続けて行うことである。

隣りの寝たきり老人の食事を作ったり下の世話を二、三年、無報酬《むほうしゅう》で、しかも人に自慢することなく黙々と続けるのも体施であり、徳分が確実に積みあげられていく。

真の施しの行為のなかには感謝の念がこめられている

しかし、仕事を持ち家庭もあったりすれば、そういう気持ちはあっても、実際にはなかなか体施などできないのが現実である。

そんなときは、物施がある。物施とは、お金や物品で施しをすることである。自分の収入の中から、お玉串《たまぐし》とかお布施《ふせ》をするのがそれである。物施は体施よりも実行しやすいが、しかし、それほど徳分にならない場合がある。

たとえば神様にお捧《ささ》げするお玉串を審《さに》神《わ》してみるとわかるが、「この程度の金を包んでおけばいいだろう」「これだけ包むのだからちゃんと功徳《くどく》も大きいんだろうな」といった気持ちが込められていたりすると、ほとんど徳分にならないのである。そこには神様への真心と愛念がひとかけらも込められていないからだ。

神仏や相手に恵んでやるという気持ちがあるとき、もはや布施ではなくなる。そうではなくて、捧げさせていただくと考えなければならないのだ。功徳を積ませていただく、カルマを解消させていただくのである。恵んでやる態度と徳を積ませていただく姿勢とでは、雲泥《うんでい》の差がある。

法施とは、神仏や真理の道を説くことによる施しである。

和顔愛語《わげんあいご》。

これも施しのひとつである。いつもなごやかで優しい表情で人を迎え、愛念に満ちたことばで他人に接する。接した人は心なごみ、ことばによって勇気づけられる。これであなたはひとりの人をささやかながら救ったことになる。真の施しの行為のなかには、神と人に対する至誠・愛念とともに、つねに感謝の心が込められているのである。

だから、つねに強運の人は感謝に生き、不運のひとは怨嗟《えんさ》に生きている。運・不運の分かれ道は、日常のそういうところにはっきりとあらわれてくるものだ。

これが積極的因縁解消法だ!!

◎積極的因縁解消法＝業《カルマ》と同じくらいの徳を積極的に積むこと

《 徳分を積む3つの方法 》

◎**体施《たいせ》**（体を使って労働奉仕をすること）

◎**物施《ぶつせ》**（お金や物品で施しをすること）

◎**法施《ほつせ》**（神仏や真理の道を説くことによる施し）

50 霊障《れいしょう》で不運になっている場合も多い

霊的な障害を除くために救霊と先祖供養が必要

救霊《きゅうれい》や先祖《せんぞ》供養《くよう》についての正しい理解がないのは、人間は死によってすべてが終わりだと思い込んでいて、それ以後の世界がこの世と同じように続いていることがわかっていないからである。

死後、肉体という衣を脱ぎ捨てた霊がどのように生きていくかがはっきりとわかれば、それらの霊にどう対応すればよいかも理解できるはずだ。だが惜しいことに、現代人は目先の物質的世界の繁栄のみにとらわれて、感性を鈍らせてしまっている。

じつは、その物質的繁栄も正しい神霊界のあり方につながっていて、もしあなたが不運であるとすれば、霊的な障害が原因であることも多いのである。

そのために、救霊と先祖供養が必要になる。

つまり、死後、霊界で迷い続けていたり、あるいは神の道、人の道にはずれたり、他に迷惑や不幸をもたらす生き方をしたために地獄界で苦行している先祖や、事故死・変死によって霊界に行けずこの地上にとどまり苦しんでいる霊たちが、子孫であるあなた、あるいは血縁関係の有無にかかわらず、あなたについて救いを求めている場合がある。これが霊《れい》障《しょう》である。

こうした霊障を除き、しかも苦しんでいる霊を救うために救霊活動が存在し、先祖の供養があるのだ。しかし、救霊や供養の目的に気をつけなければならない。苦しんで人々に災いをもたらしている霊を救い、さとして霊界に送ることを救霊の目的としなければならないのだ。

霊能者が霊力をもって追い払うだけの除霊は一時的なものであり、けっして真の霊の救済にならないのである。

先祖供養は墓地よりも仏壇を中心に考える

そうした霊の救済のひとつである先祖の供養は、墓地よりも仏壇《ぶつだん》を中心に考え、まつり方の法則にしたがう。死後三十年以上たった人は何々家先祖の霊位という位牌《いはい》の中に、三十年未満の場合は先祖のそれよりやや小さな位牌に戒名《かいみょう》（法名《ほうみょう》）を、黒地金文字で書く。

また、ご主人のほうの仏壇に、奥さん

のほうの先祖を一緒にまつるようなことはやめるべきだ。奥さんの実家がまつっていないためどうしても位牌を作る必要があるならば、仏壇を別々にすることである。一緒の仏壇にすると、奥さんのほうは居そうろうの気分になり、ご主人のほうは迷惑がるからだ。

　夫婦関係、家族関係の悪化や体調の不調も、正しいまつり方をしないための先祖の戒告《かいこく》であったり、前に述べた浮かばれない霊や浮遊霊やたたり霊による障《さわ》りである場合が多いのである。

　根気がなくイライラする、人生がはかなく感じられて死にたい、努力・向上・意欲などという前向き・発展的な気持ちが起きないといったことも、不運であるとともに霊障が原因である場合が多いので、正しい神霊能力を持った人たちに相談してみるほうがいい。

なぜ救霊と先祖供養が必要なのか

霊障《れいしょう》

- **地獄界で苦しんでいる先祖**
- **霊界へ行けず地上にとどまり苦しんでいる霊**

↓

まとわりついて救いを求めている

＝

不運の原因

救霊《きゅうれい》　　**先祖供養《せんぞくよう》**

救済することが大切!!

※決して追い払うのではない

51 霊界や神界にも通用する財産とは何か

現実界・霊界・神界に通用する幸福を築きあげるべき

あなたが自力運をつけ、同時に他力運も呼び込んで強運になったとしよう。そんなあなたに対して「一体何をしたいのか」と問うたとき、どう答えるか。

地位・財産・名誉、あるいはもっと美《お》味《い》しいものを食べ、自由に性欲を満たし、いい服を着て、すばらしい家に住みたい。そんなもろもろの欲望を満足させて幸福になるため、と答えはいろいろあるかもしれない。

だが、これらの欲望のすべてを達成したとき、人は虚無を感じるはずである。その一方で、その虚無を一生に一度でよいからたっぷり味わってみたいと熱望する方もおられよう。それはそれでよい。そのために強運を身につけるさまざまなことを、本書でとりあげているのだ。

しかし、私が自力運・他力運といった二極から強運を説いてきたのは、それなりの私の願いがあってのことなのである。

それは何か。

長続きする幸せを得てほしいと思う気持ちである。長続きする真の幸せとは何かをとらえながら、ここで私は私の秘《ひそ》かなる思いを今あなたにはっきりお伝えしなければと思う。

人間が生きるということは、現実の世界・霊界・神界の三極が深く相互にかかわりあっているのだから、この三極に通用する幸福を築きあげるべきではないかということだ。

現実も幸せであり、霊界でも幸せというのが長続きする幸福である。そして、生まれ変わり死に変わりして輪廻転生《りんねてんしょう》をくり返すとき、魂が本当に喜び、また現実のこの世に受け継がれてくる永遠の財産、宝物は何かといえば、学問・芸術・信仰の三つである。

学問・芸術・信仰はそのまま霊界に持っていける

生まれながらにして芸術的感覚の鋭い人もいれば、信仰に篤《あつ》い人もいて、真理の探求に深い喜びを見いだす人もいる。

モーツァルトがわずか四、五歳で作曲したという例を引くまでもなく、人々は天賦《てんぷ》の才を持つ。それは前世での才能の錬磨の賜物《たまもの》なのだ。生まれつき「歌がうまい」「絵に天分がある」、あるいは「霊感が鋭い」などというのは、すべてその本人が他生《たしょう》でなしとげ獲得した能力なのである。

現実の世界で何かの刺激を受け、あるいは訓練して、それらが花開くとすれば、それは魂の世界の記憶と経験が才能の根源となっているということである。

地位・名誉・財産や肉体などは一時的なものであり、霊界にまで持っていくことはできないが、あなたが錬磨・修練して得た学問・芸術・信仰する力などは、そのまま霊界に財産として持っていくことができる。

強運になるためには、「まず自力をつけよ」「自力運を高めよ」と言ったのは、自力によって得られる学問・芸術・信仰の力が長続きするものであり、それらが本当の高級神霊界、つまり天に通じて天運そのものをいただけるからだ。

それが本物の幸運であり、幸福でもある。

永遠の財産、宝物――学問・芸術・信仰

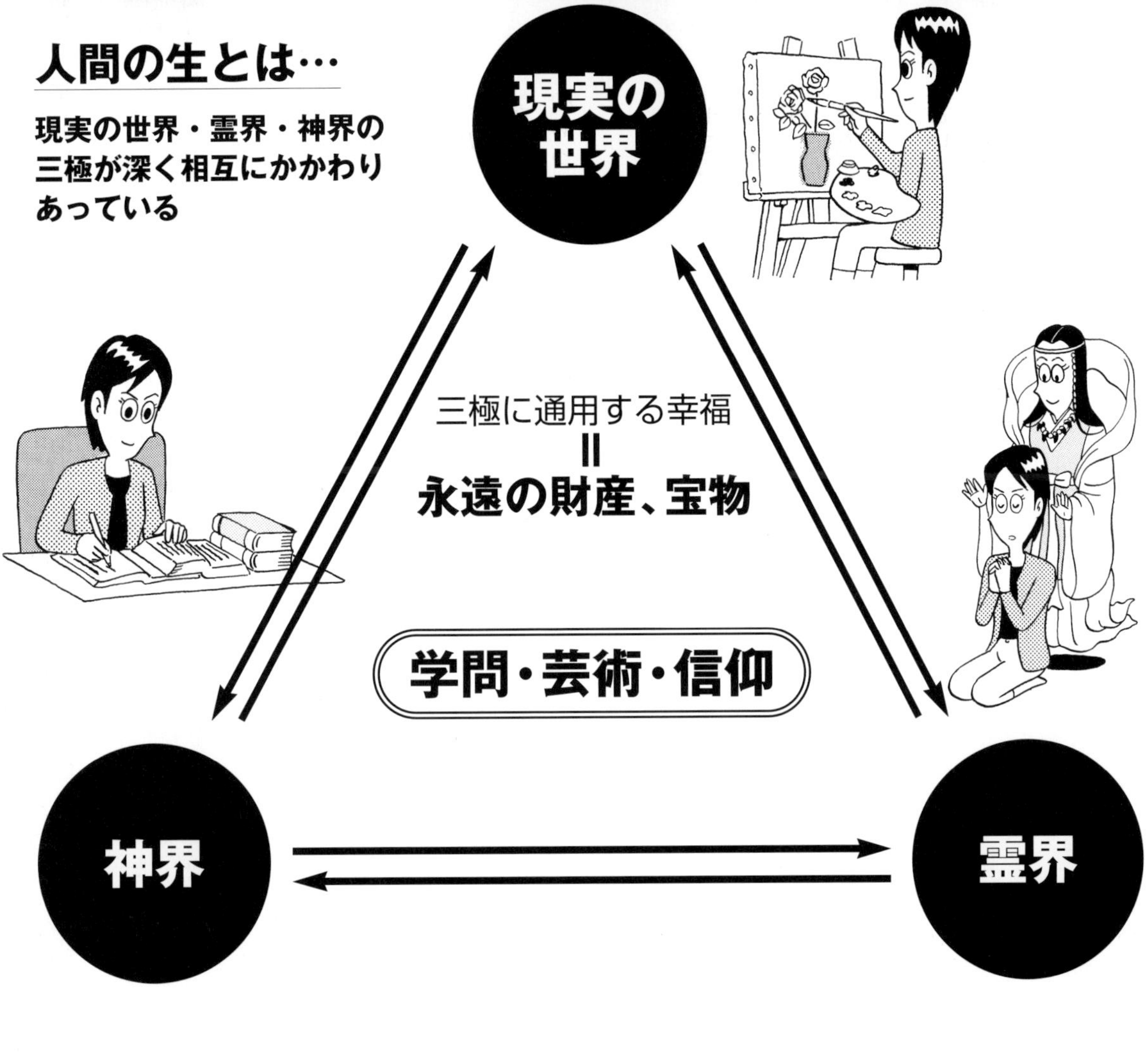

人間の生とは…
現実の世界・霊界・神界の
三極が深く相互にかかわり
あっている
現実の世界
三極に通用する幸福
＝
永遠の財産、宝物
学問・芸術・信仰
神界
霊界

52 自力と他力が完全一体化するとどうなるか

霊的能力と現実的能力を兼ね備えている人の時代

日ごろから私は、
「霊能力や超能力の時代は終わった。これからは、すばらしい万能の人となる神人合一の時代だ。神人合一をして、あなたも日本と世界を良くしよう」
と書いたり、語ったりしている。

つまり、これからは、人類救済、文明文化創造の大神力《だいしんりき》、大弘通力《だいぐつうりき》を発揮する能力を持つ人の時代だと言いたいのである。

たとえば、天津神《あまつかみ》、国津神《くにつかみ》、仏界、ヨーロッパ神界、インド神界、中国神仙界、あるいは極微《ごくび》神界など、大宇宙のあらゆる次元の神々と合一したレベルであり、かつてのモーゼや出口王仁三郎《でぐちおにさぶろう》、弘法大師、日蓮上人、聖徳太子といった人たちのように、それぞれの時代を切りひらいていく偉大な霊的能力と現実的能力を兼ね備えていなければならないのだ。

そうした神人合一の道をめざす第一歩が、まず自力をつけることにあったのである。先にもふれたが〝タナボタ〟式のツキや幸運を説いても、神人合一の道からみれば害こそあれ益《えき》するところは何もないのだ。だから、つらくとも、少々時間がかかろうとも、本物であり、それだからこそ永続性も確実性もその効果も大きい〝自力運〟の重要性を強調し、その自力が動きだすと同時に働きはじめる〝他力〟を説いたのである。

自力と他力がそれぞれの力を出しきり、がっちり四つに組まれた形で錬磨され、向上していき、極まったとき、はじめて神人一体《かみひといったい》となれるのである。

自力のなかに他力があり、他力のなかに自力が発揮される

神様が自分か、自分が神様か、といった状態で万能の人となる。それは、自力のなかに他力があり、他力のなかに自力が発揮されるのと同じ状態である。それはまた、陰極《いんきょく》と陽極《ようきょく》の両極を乗り越えた世界でもある。陰とは仏教でいう胎蔵界《たいぞうかい》にあって己を磨き実力を貯えるということであり、陽とはそれを社会に向けて活用し、人びとに役立てようという金剛界《こんごうかい》の働きのことだ。

人間としての実力（陰《いん》の修業・胎蔵界・自力）があればあるほど、世のため

人のために役立つレベル（陽《よう》の修業・金剛界・他力運の働き）が大きくなるわけである。つまり陰陽の両方を極め、そして両方を越えた世界に神人合一が完成されるのだ。

あなたがもし十代、二十代、三十代前半であれば、少々、我《が》と慢心《まんしん》が顕れ出ようとも〝勇猛《ゆうもう》〟をもって自力を引き出すことに専念せよ。しかし、三十代後半、四十代以降となれば、築きあげた自力運を見極めながら、他力運の開発に力を注ぐことだ。謙虚で愛念に満ち、そして、体施《たいせ》・物施《ぶつせ》・法施《ほっせ》のうち自分に一番ぴったりの徳分を積むことに意を払うべきだろう。そうすれば、おのずから強運を自分のものにすることができるのである。

自力運が即他力運となり、その他力運のなかに自力運がしっかりと溶け込んだ真の強運が身についたとき、あなたは絶対的な運の持ち主として現世の社会のあらゆる難関を打ち破ることができ、また死してからも、玄妙に輝く魂となって神のもとにつかえることができるのである。

自力と他力が十字に組み、極まったとき神人一体に

自力　　他力

がっちり四つに組まれた形で

↓

錬磨

↓

向上

↓

極まったとき

神人一体に!

絶対的な運の
持ち主としてあらゆる難関を
打ち破ることができる!!

おわりに

絶対的な運を得るには、まず十二分な自力をつけ、他力を築き、自らの運、すなわち自力運と、他者の運、すなわち他力運とを十文字に組み合わせればよいということがおわかりになったと思う。

しかし、自力をつけるには、相当な努力とそれに見合う年月を要する。

ある日、渾然《こんぜん》として絶対運への道に目覚めたとしても、自力をつける時間を要するために、目前に迫った困難に対処できないという場合もある。また、長時間にわたる火を吐くような努力には、もはや精神的、肉体的に耐えられそうもないという人もいるだろう。

このような人は、あたら不運にまみれたままの生涯を過ごさなければならないのだろうか。そんなことはない。

神々、そして仏たちは、つねに慈愛あふれた眼差《まなざ》しを、あまねく人間界にふりそそいでおられる。

そしてまた、弱き者も強き者も、ともに生きる権利を認められ、その権利を侵害する者が存在すれば、それを断固排除しようとなさるのである。

したがって、今、ただちに強い運を得ねばならないという状況に追い込まれた者に対しても、温かい手を差し伸べてくださるのだ。

その手に人々はどのようにしてすがればいいのか。霊力の強い神社に、自らのエネルギーのすべてを投入して祈りを捧《ささ》げることが、見えざる神の手にすがり、神の愛とご加護を受けることなのだ。

では、どの神社が強い霊力を持つのだろうか。このことについては、拙著『神社で奇跡の開運』『神社で奇跡の開運ノート』『全国の開運神社案内』（ともに、たちばな出版刊）に詳述してあるから参照していただくとして、ここではいくつかの例をあげておこう。

一願成就《いちがんじょうじゅ》、すなわち試験に合格する、あるいは人生の岐路にあって破滅を避けたいというせっぱつまった思いを叶えさせてくれるのは、関東では箱根神社、関西では熊野本宮大社である。また、中部地方の方々は熱田《あつた》神宮、九州の方々は宇佐八《はち》幡《まん》という、その地をしろしめす神の社《やしろ》に詣《もう》でるとよい。

もし、金のやりくりでギブアップというときには、奈良県の三輪《みわ》神社、何をやってもうまくいかない、もはやどん詰まりといった状況を切り抜けさせてくれるのは和歌山県の熊野《くまの》権現である。

これらの神々に詣でるときは、自らの願いを明確にする印として、相応のお玉串料《たまぐしりょう》を用意し、いずまいを正して正式な参拝をするべきであって、間違ってもGパンにスニーカースタイルで、ポケットからバラ銭をつかみ出して賽銭箱《さいせんばこ》に放り込むようなことをしてはならない。

神々は、本人がどれほどに真剣であるかを観察されているのである。

もし、たんに「困ったときの神頼み」レベルであるのなら、神々はあなたの願いをなかなかお聞き届けくださらないであろう。

人事を尽くして天命を待つという言葉があるが、とことん神におすがりすることにエネルギーを費やせば、そのエネルギーの数十倍、数百倍の神のパワーを受けることができるはずである。

深見東州（ふかみ とうしゅう）

同志社大学経済学部卒業。武蔵野音楽大学特修科（マスタークラス）声楽専攻卒業。西オーストラリア州立エディスコーエン大学芸術学部大学院修了、創造芸術学修士（MA）。中国国立清華大学美術学院美術学学科博士課程修了、文学博士（Ph.D）。中国国立浙江大学大学院日本文化研究所客員教授。カンボジア大学総長、人間科学部教授。その他、英国、中国の大学で教鞭をとる。英国国立ロンドン大学東洋アフリカ学院（SOAS）Honorary Fellow。アジア・エコノミックフォーラム・創設者、チェアマン。オーストラリアン・オペラ・スタジオ（AOS）チェアマン。世界宗教対話開発協会（WFDD）理事、アジア宗教対話開発協会（AFDD）会長。

中国国家一級美術師、中国国家一級声楽家、中国国家二級京劇俳優に認定。宝生流能楽師。社団法人能楽協会会員。宝生東州会会主。その他、茶道師範、華道師範、書道教授者。カンボジア王国よりコマンドール友好勲章受章。同じくカンボジア政府より、モニサラポン・テポドン最高勲章受章。中国合唱事業特別貢献賞、西オーストラリア州芸術文化功労賞受賞。紺綬褒章受章。西オーストラリア州首都パース市、及びスワン市の名誉市民（「the keys to the City of Perth」、「the keys to the City of Swan」）。

西洋と東洋のあらゆる音楽や舞台芸術に精通し、世界中で多くの作品を発表、「現代のルネッサンスマン」と海外のマスコミなどで評される。比叡山天台宗得度、法名「東州」。臨済宗東福寺授名、「大岳」居士。ワールドメイトリーダー。120万部を突破した『強運』をはじめ、自己啓発書、人生論、経営論、文化論、宗教論、書画集、俳句集、詩集など、文庫本を入れると著作は220冊以上に及び、7カ国語に訳され出版されている。その他、ラジオのパーソナリティーとしても知られ、多くのレギュラー実績がある。現在は、週1本のレギュラー番組「さわやかTHIS WAY」（FM・全国ネット）を担当。

深見東州出演の人気ラジオ番組「さわやかTHIS　WAY」＊はキー局

北海道放送《AM》(日)	AM9：00～9：30	KISS-FM(日)	AM7：30～8：00
ふくしまFM(日)	AM7：00～7：30	FM山陰(日)	AM7：00～7：30
interFM(日)	AM7：00～7：30	＊FM山口(日)	AM7：00～7：30
FM富士(日)	AM5：30～6：00	FM香川(日)	AM7：00～7：30
静岡放送《AM》(日)	AM7：30～8：00	FM長崎(日)	AM7：00～7：30
FM石川(日)	AM7：00～7：30	エフエム熊本(日)	AM7：00～7：30
FM三重(日)	AM7：00～7：30	FM沖縄(日)	AM7：00～7：30

デザイン●関　和英、奥大谷　光公（チックス）
イラスト●須田　博行

「絶対運」ノート

平成19年3月22日　初版第1刷発行　　定価はカバーに記載しています。

著　者　深見東州
発行人　杉田早帆
発行所　株式会社　たちばな出版
〒167-0053　東京都杉並区西荻南2-20-9　たちばな出版ビル
TEL　03-5941-2341（代）　FAX　03-5941-2348
ホームページ　http://www.tachibana-inc.co.jp
印刷・製本　凸版印刷株式会社

ISBN978-4-8133-2031-9